16,80
W0205990

HUBERT MARIA RIES

Komm mit durch Trier

Für Simeon, Helena und Martin

HUBERT MARIA RIES

Komm mit durch Trier

Ein Führer durch die Stadt und ihre Geschichte
für kleine und große Leute

mit Zeichnungen
von
Peter Krisam und Manfred Schneider

SPEE-VERLAG TRIER
1984

Bildnachweis:
Zeichnungen auf den Seiten: 19, 34, 43, 55, 67, 101 und 110: Peter Krisam
Alle übrigen Zeichnungen: Manfred Schneider
Römischer Stadtplan Seite 41: Amt für Denkmalpflege, Trier; Motive: Ludwig Nollmeyer
Pläne auf den Seiten 71 und 85: Rheinisches Landesmuseum, Trier
Geschichtsfries (Faltplan im Anhang): Ludwig Nollmeyer
Stadtplan des heutigen Triers (Faltplan im Anhang): Graphiker Franz Raabe;
Motive: Ludwig Nollmeyer

CIP-Kurztitelaufnahme der Deutschen Bibliothek

Ries, Hubert Maria:

Komm mit durch Trier: e. Führer durch die Stadt u. ihre Geschichte
für kleine u. große Leute / Hubert Maria Ries.
Mit Zeichn. von Peter Krisam u. Manfred Schneider. —
2., überarbeitete Auflage
Trier: Spee-Verlag, 1984.

ISBN 3-87760-069-7

2., überarbeitete Auflage
Alle Rechte vorbehalten
© Spee-Verlag, Trier 1984
Umschlag: Manfred Schneider
Herstellung: SDV Saarbrücker Druckerei und Verlag GmbH, Saarbrücken
ISBN 3-87760-069-7

Inhaltsverzeichnis

Vorwort des Oberbürgermeisters

„Unsere Stadt müßt ihr erst einmal kennenlernen, um sie gern zu haben!“ läßt der Verfasser einen Trierer zu jungen Besuchern sagen. Ganz richtig! Von der Porta Nigra hat zwar jeder schon einmal gehört; desgleichen vom altehrwürdigen Trierer Dom, der als älteste Kirche Deutschlands gilt. Schüler von höheren Schulen werden sich darüber hinaus vielleicht auch an eine Abbildung des berühmten Weinschiffs oder der Igeler Säule in ihrem Lateinbuch erinnern. Doch Trier hat aus seiner zweitausendjährigen Geschichte nicht nur Römisches und Frühchristliches, sondern auch eine Menge anderer Sehenswürdigkeiten zu bieten.

Deshalb begrüße ich es, daß Hubert Ries es übernommen hat, in lebendiger, kindgemäßer Form einen Führer für unsere schöne Stadt zu schreiben. Ich würde mich freuen, wenn dieser Führer in die Hand vieler junger Menschen gelangen würde. So gut verständlich und anschaulich wird Geschichte nicht alle Tage geboten.

Daneben wünsche ich aber auch, daß dieser nicht alltägliche Führer in Trier selbst Verbreitung finden möge. Viele Trierer sind mit Recht stolz auf ihre Stadt. Es kann deshalb gewiß nichts schaden, wenn die heranwachsende Generation schon in jungen Jahren diesen berechtigten Stolz durch genaues Wissen untermauern kann. So wünsche ich diesem Buch weit über Trier hinaus viel Erfolg und einen engagierten jungen Leserkreis.

Felix Zimmermann
Oberbürgermeister

Erstes Kapitel,
in dem ihr eine brasilianische Familie kennenlernt,
die nach TRIER kommt

Der Balduinsbrunnen

Endlich da

„Wir sind da!“, ruft Vater Pescador, „wir sind da!!“ Mutter reicht ihm die Hand, und Pedro klettert die hohen Stufen aus dem warmen Zugabteil hinunter auf den Bahnsteig. Er zieht seine Jacke fester um die Schultern. Sein großer Bruder Johannes packt die beiden Tüten mit den Geschenken. Catarina läßt schnell ein Bonbon im Mund verschwinden, schnappt sich ihren Ball mit der einen und die Reisetasche mit der anderen Hand. Pedro darf dem Vater helfen, den vollgeladenen Kofferkuli schieben.

Familie Pescador hat eine lange Reise hinter sich. Sie kommt aus Rio de Janeiro, einer großen Stadt in Brasilien. Mit dem Auto haben Freunde Vater, Mutter, Pedro, Catarina und Johannes zum Flugplatz gebracht.

Die Klassenkameraden der drei Kinder fuhren gerade mit dem Schulbus zur Deutschen Schule von Rio, als die vier Düsenmotoren des Jumbos aufheulten. Kurz darauf raste der riesengroße Silbervogel über die Startbahn. Johannes erinnert sich noch gut an den Start: Wie von einer großen Hand wurde er in den Sitz gepreßt, fühlte sich leichter und leichter, und bald lag die Stadt hinter ihnen und der große Ozean für viele Stunden tief, tief unten.

In Luxemburg erreichten sie den Zug, jetzt stehen sie ein wenig benommen auf dem zugigen Bahnsteig. „Hier ist Trier, Hauptbahnhof – Trier, Hauptbahnhof“, schnarrt es aus dem Lautsprecher.

Der erste Blick

So viel haben die Eltern von dieser alten Römer-Stadt erzählt, daß die Kinder kaum erwarten können, sie zu sehen. Mit einem Schlag ist die lange Reise vergessen. Sie sind am Ziel: TRIER AN DER MOSEL!

Die Kinder reißen sich los und laufen durch die Reisenden auf die Glastüren des Bahnhofs zu. Catarina stemmt sich dagegen, die Jungen schlüpfen hindurch. Ein erster Blick, und noch einer... Enttäuscht sehen sie sich an: „Das soll die alte Römerstadt sein?" meint Johannes, „da sind Autos und Busse und Häuser – genau wie bei uns in Brasilien, genau wie in allen anderen Städten!"

Herr Jakob kennt sich aus

„Na, na, junger Mann!" brummt eine tiefe Stimme hinter ihnen. Erschrocken drehen sich die Kinder um und sehen einem gemütlichen Mann ins Gesicht. „Unsere Stadt müßt ihr erst einmal kennenlernen, um sie gern zu haben; und je mehr ihr sie kennenlernt, um so lieber wird sie euch werden und euch von ihren Geheimnissen erzählen." Inzwischen sind auch die Eltern dazugekommen und haben die letzten Worte des Mannes gehört. „Darf ich Sie irgendwohin fahren?" fragt der Mann und stellt sich mit einer kleinen Verbeugung vor: „Jakob". Alle steigen in sein Taxi. „Matthiasstraße, Familie Fischer", sagt der Vater. Familie Pescador hat Glück. Mehr als zwanzig Jahre hat Herr Jakob in einem Bus Fremde durch die Stadt gefahren. Seine Freunde sagen von ihm, daß er von jedem Haus eine interessante Geschichte zu erzählen weiß. Er kennt sich aus. Das sollen seine Fahrgäste auch bald erfahren.

Nach wenigen Metern müssen sie an einer Ampel halten, fahren dann wieder ein paar Schritte und müssen abermals halten. Pedro stubst die Mutter aufgeregt an: „Sieh mal, wir fahren um einen Brunnen, und auf dem Brunnen steht ein Römer!" „Nein", lacht Herr Jakob, „ich merke schon, ihr meint, in Trier gibt es noch die alten Römer von damals. Unsere Stadt ist wohl vor 2 000 Jahren von den Römern gegründet worden, aber in der Zwischenzeit ging es bis heute mit ihr auf und ab. So fing es mit Trier an: Zuerst war es klein, – so wie du noch klein bist, – wuchs und wuchs dann, bis es eine der größten und wichtigsten Städte des Römerreiches war. Trier wurde oft überfallen und zerstört, wieder aufgebaut und wieder geplündert; mal schien die Stadt an Armut, mal an Krankheit zu sterben; zuletzt noch", und er dreht den Kopf auf die Seite und sieht Herrn Pescador an, um sein Alter zu schätzen, „als euer Vater noch ein Kind war."

Ein wichtiger Mann auf dem Denkmal

„Und der Herr auf dem Denkmal?" hakt Johannes nach.
„Ach so, ja", Herr Jakob schaltet in den Ersten. „Das ist *Balduin von Luxemburg.*

Vor mehr als 650 Jahren, – die Römer waren schon fast tausend Jahre mit ihren Soldaten abgezogen, – wählten die Trierer ihn zum Erzbischof und Kurfürsten ihres Landes. Weil das, was zu dieser Zeit geschah, nicht mehr ganz so alt ist, nennen wir diese Zeit das *Mittelalter.*

Neue Soldaten mit anderen Herren hatten die Trierer seit der Römerzeit als Plünderer oder Beschützer kennengelernt. Einen Herrn aber gab es in der Stadt, der immer mächtiger geworden war: der Bischof. Nach und nach hatte er vom Kaiser wichtige Rechte bekommen; so durfte *Bischof Balduin* selbst Münzen schlagen, Grafen ernennen, Gericht halten und vieles andere mehr. Ja, der Bischof von Trier wählte sogar mit sechs anderen Fürsten aus Deutschland den deutschen Kaiser. Weil die Leute damals ‚küren' statt ‚wählen' sagten, nannten sie diese sieben Landesfürsten *Kurfürsten.*

Balduin, der Sohn des Grafen von Luxemburg, war erst 22 Jahre alt, als die Trierer ihn 1307 zum Kurfürsten wählten. 46 Jahre lang regierte er Land und Leute im Kurstaat Trier. Dreimal durfte er einen deutschen Kaiser mitwählen. Bei der ersten Wahl gewann sein Bruder Heinrich; er trat als König Heinrich VII. die Regierung an. Balduin hat viel Gutes für die Stadt und das Trierer Land getan. Gegen die Raubgrafen an der Mosel zog er zu Feld und gegen die räuberischen Herren aus der Eifel von Daun, Ulmen, Schöneck und Gerolstein; er verteidigte die Juden, als man ihnen die Schuld an der Pest geben wollte; daran starben in Trier allein 12 000 Menschen! Erdbeben, Mißernten kamen während der Regierungszeit Balduins noch dazu. Doch die Gesetze und Grenzen seines Kurfürstentums blieben über 400 Jahre genau so, wie Balduin sie festgelegt hatte.

Das war ein Leben! Einmal sogar wurde Balduin von der *Gräfin Lauretta* gefangengenommen und in das Burgverlies geworfen. Die schlaue Frau hatte bei Trarbach, einer Stadt an der Mosel, eine Kette von einem Ufer des Flusses zum anderen spannen lassen. Als das Schiff des Kurfürsten nahe herankam, zogen die Knechte die Kette an, sprangen in die Boote, von den Booten auf das Schiff und nahmen den Fürsten gefangen. Gab das eine Aufregung, bis Freunde ihren Bischof wieder freikaufen konnten!“

Inzwischen sind sie um das Denkmal herumgefahren. Hinter der nächsten Ampel sehen sie eine alte Mauer.

Nicht nur die Römer zogen eine Mauer um die Stadt

„Aber die hohe Stadtmauer da vorne rechts neben der Straße, die ist doch von den Römern?“ will Catarina wissen.

„Etwas Geduld, meine Dame, das ist tatsächlich eine Stadtmauer. Aber keine römische. Diese hier wurde auch im Mittelalter gebaut, sie war ‚erst‘ 200 Jahre alt, als Balduin in Trier regierte. Die Stadtmauer der Römer verlief am Fuß des Petrisberges, den ihr links seht; sie war zur Zeit Balduins schon 1 100 Jahre alt.“

„Vorsicht, schon wieder eine Ampel!“ ruft Johannes, „da vorne neben den Ruinen.“

„Das ist die römische Badeanstalt", schaltet Vater sich ein, „die Thermen des römischen Kaisers. Aus den wenigen Resten könnt ihr schließen, wie riesig sie waren."

Schweigend fahren sie weiter. Im Abendrot leuchten hinter den Thermen Kirchtürme und ein riesiger Kastenbau. Die erste Enttäuschung über die Stadt weicht.

‚Römerbad' und ‚Kurfürst', ‚Stadtmauer' und ‚Kette durch die Mosel'... Den Kindern dreht sich alles im Kopf wie ein Karussell. Es ist wie im Traum. Sind sie wirklich schon am Ziel der Reise?

In der Matthiasstraße

„Wie, heute schon? Wir haben euch erst morgen erwartet." Frau Fischer putzt sich die Hände an der Schürze ab und begrüßt alle herzlich. „Wie war die Reise? Ihr werdet sicher hundemüde sein." Bald stehen dampfender Tee und Kakao auf dem Tisch. Frau Fischer stellt noch einen Teller voll leckerer Brote und die Obstschale dazu. Mit vollen Backen kauen unsere drei Freunde, während die Eltern Frau Fischer von ihren Plänen in Trier erzählen.

Herr Fischer ist Lehrer an der Universität in Trier. Ein ganzes Jahr lang werden der Vater und Herr Fischer zusammenarbeiten. Die Universität in Rio de Janeiro will mehr über die Menschen wissen, die vor über 100 Jahren aus dem Trierer Land nach Brasilien ausgewandert sind. So ähnlich heißt es jedenfalls in dem Brief der Hochschule in Rio, den der Vater gerade aus seiner Brieftasche zieht.

„Um diesen Forschungsauftrag haben meine Kollegen mich sehr beneidet", sagt er. „Vielleicht finde ich hier in den alten Papieren in Trier noch etwas über meine eigenen Ur-ur-großeltern. Wie ich Ihnen geschrieben habe, sprechen wir mit unseren Eltern und den Kindern Deutsch, obwohl wir einen portugiesischen Familiennamen haben. Das ist auch der Grund, warum mein Chef mich für diese Arbeit ausgesucht hat und warum unsere Kinder zur Deutschen Schule gehen."

Vor dem Haus brodelt der Verkehr. Pedro, Catarina und Johannes sind noch gar nicht richtig in Trier. Ihre Gedanken hängen an der langen Reise. Vor allem die Fahrt vom Bahnhof bis zu Fischers zieht deutlich an ihnen vorbei: die Enttäuschung über die ‚normale' Stadt, der kurze Blick auf das Hoch und Nieder in 2 000 Jahren, das Interesse an dem mächtigen Kurfürsten Balduin und seinem aufregenden Leben und zuletzt – nach der mittelalterlichen und römischen Stadtmauer – die Ruinen der römischen Badeanstalt.

Während den beiden Kleinen die Augen zufallen, beginnt Johannes zu ahnen, was Herr Jakob meinte, „ihr müßt unsere Stadt kennenlernen, um sie gern zu haben; und je mehr ihr sie kennt, um so lieber wird sie euch werden und euch von ihren Geheimnissen erzählen."

Ein komisches Geschenk

Am nächsten Morgen sitzt auch Herr Fischer am Kaffeetisch und bedankt sich herzlich für die mitgebrachten Geschenke: „Woher wußtet ihr denn, daß ich Musikinstrumente sammele?“ Lange und andächtig betrachtet er die Indianerflöte aus Tierknochen und die bunte Kette, die Frau Fischer am Hals trägt.

„Für euch“, und damit dreht er sich den Kindern zu, „habe ich mir auch was ausgedacht. Wir wollen gemeinsam verreisen, aber keine 2 000 Meilen, die habt ihr schon hinter euch. Unsere Fahrt geht über 2 000 Jahre. Hier ist die Fahrkarte dazu.“ Er greift in seine Aktentasche und zieht drei große Briefumschläge heraus.

„Ein Stadtplan!“ schreien alle drei zugleich. Herr Fischer lacht über die enttäuschten Gesichter: „Wartet nur ab, wie spannend unser Unternehmen werden kann!“

Aber wie spannend es wirklich wird, weiß nicht mal er selbst.

Zweites Kapitel,
in dem die Kinder auf den Hauptmarkt gehen und viel über die römische und mittelalterliche Stadt erfahren

Der Hauptmarkt mit Steipe

Der erste Ausflug mit der Fahrkarte

„Halt, Pedro!“ Catarina zieht den kleinen Bruder gerade noch von der Straße. „Puh, das ist noch einmal gut gegangen!“ Wie schon so oft muß sie Pedros Schutzengel sein. An dem Tag, an dem Pedro auf die Welt kam, hatte Catarina Geburtstag, sie wurde zwei Jahre alt; Johannes war damals fünf Jahre alt. Für ihn stand sofort fest: „Auf den kleinen Bruder brauche ich nie aufzupassen.Catarina hat ihn zu ihrem Geburtstag bekommen. Und um seine Geburtstagsgeschenke muß sich jeder selbst kümmern!“

Auch jetzt, inzwischen ist Johannes 14 Jahre alt, kümmert er sich nicht um die beiden Kleinen, sondern spricht eifrig mit Herrn Fischer. Der hatte ihnen auf dem Stadtplan das Ziel des heutigen Ausfluges gezeigt: HAUPTMARKT und PORTA NIGRA.

Pedro drückt sich schon am Busfenster die Nase platt, als die drei einsteigen. Sie kommen am VIEHMARKT vorbei; aber da ist kein Vieh zu sehen, nur Marktfrauen mit Gemüse und Blumen, frischen Fischen und hausgemachter Wurst.

„Bauern und Viehhändler trieben früher einmal in der Woche Schafe, Ziegen und Schweine, Kühe und Pferde hierher, um sie zu verkaufen“, Herr Fischer zeigt auf die Marktstände: „Heute versorgen die Bauern aus Euren und Pfalzel, Biewer und Olewig die Trierer mit den Früchten und Pflanzen ihrer Gärten und Felder.“ In der Nähe des Hauptmarktes steigen sie aus dem Bus. Auf dem Weg zu ihrem ersten Ziel fängt Herr Fischer an zu erzählen.

Mit der Leiter zu Römern und Treverern

„Eure Eltern haben erzählt, daß ihr Herrn Jakob kennengelernt habt. Ich sehe ihn oft in unserer Pfarrei. Sicher werden wir ihn bald mal wieder treffen. Von ihm habt ihr aus dem Leben des Kurfürsten Balduin gehört.

Wenn ihr euch die Zeit wie eine lange Leiter vorstellt, und jedes Jahr als eine Sprosse dieser Leiter, dann müßten wir von heute an ungefähr 650 Sprossen hinunterklettern, bis wir bei den Kurfürsten angekommen sind. Von Balduin angefangen klettern wir noch einmal doppelt so viele Sprossen, also 1300, zurück und sind in der Zeit, als in Rom *Augustus* der mächtigste Kaiser ist und im Heiligen Land ein Kind auf die Welt kommt, dem seine Eltern den Namen *JESUS* geben. Die Menschen, die in dem Reich mit der Hauptstadt Rom leben, nennen sich *Römer.*

Zu dieser Zeit ist Trier schon eine richtige römische Stadt, in der Geschäftsleute und Händler, Beamte und Lehrer, Soldaten und Polizisten mit ihren Familien wohnen.

Vielleicht konnten sich im Jahr der Geburt Jesu noch die ganz alten Soldaten daran erinnern, wie sie mit ihrem römischen Anführer *Cäsar* hierher gekommen waren. Damals hatten auch schon viele tausend Jahre lang vor ihnen Menschen in den Wäldern und an den Ufern der Mosel gewohnt. Die Römer haben gestaunt, als sie Bauern und Hirten mit großen Rinder- und Schweineherden antrafen. Hier, an dem Übergang über die Mosel wohnte also das Volk, das besiegte Männer, Frauen und Kinder als Sklaven bis nach Rom verkaufte. Hier trafen sie die Menschen, die über die Grenzen hinaus als vorzügliche Pferdezüchter und tollkühne Reiter bekannt waren. Vor allem über die vielen Handwerker und Händler haben sie sich gewundert. Die Leute, die hier im Moseltal wohnten, wurden *Treverer* genannt. Sie waren gute Töpfer und fleißige Schmiede. Töpfe aus Bronze und Waffen aus Eisen stellten sie her. Männer und Frauen trugen Schmuck aus Gold. Ihre Kaufleute kamen bis nach Spanien, Italien und Kleinasien. Sie tauschten ihre Waren gegen Stoffe und bronzene Weinkannen; ja sogar Wein brachten sie mit zurück an die Mosel und mannshohe Gefäße.

Warum die Römer ausgerechnet hier eine bedeutende Stadt gründeten, werde ich euch später erzählen."

Johannes will noch mehr über die Urtrierer wissen

„Die Römer kamen aus Italien und trafen hier die Treverer. Gut! Aber woher waren denn die Treverer gekommen?" fragt Johannes. „Du willst es aber genau wissen!" bemerkt Herr Fischer. Pedro stöhnt und Catarina grinst: „Unser Lehrer sagt auch immer: Johannes frag mir keine Löcher in den Bauch!" „Ich bin froh, wenn ihr so viel fragt", Herr Fischer lehnt sich an eine Mauer.

„Lange bevor die Römer kamen, gab es in unserer Heimat Dörfer und Höfe vom Volk der *Gallier*, auch *Kelten* genannt. Sie wohnten hier auf der linken Seite des Rheins. Auf der rechten Rheinseite lebte ein anderes Volk, die *Germanen*. Zu einer Zeit, als die Germanen noch in einzelnen Häusern und kleinen Dörfern hausten, wohnten die Kelten schon in befestigten Städten, die mit Mauern umgeben waren. So wie die Germanen neidisch auf den Luxus ihrer Nachbarn sahen, erzählten auch die keltischen Händler von der noch feineren Lebensart, die sie auf ihren Reisen bei anderen Menschen gesehen hatten. Die Germanen wollten so gut leben wie die Kelten, die Kelten wollten so vornehm leben wie die Griechen und Römer. Ein Teil der Kelten gab dem Drang nach und ging auf Wanderschaft: über den Ärmelkanal nach England, über die Pyrenäen nach Spanien; ein Stamm kam sogar bis nach Kleinasien. An ihn hat der *Apostel Paulus* seine Briefe geschrieben. Vielleicht habt ihr im Religionsunterricht oder in der Kirche schon eine Lesung daraus gehört, aus dem Brief an die *Galater*. Sie redeten noch Jahrhunderte später eine ähnliche Sprache wie die Treverer an der Mosel. Treverer nannten sich die Gallier, die hier geblieben waren. Sie hatten sich mit den Germanen vermischt und bewohnten das Gebiet zwischen Nahe, Rhein und Ahr. ... aber wo steckt denn Pedro?"

Pedro entdeckt ein Haus auf Stützen

Pedro ist der Ausflug über die Leiter in die vergangenen Jahrhunderte bis zu den Kelten zu lang geworden. Vorsichtig hat er Catarinas Hand losgelassen und läuft über den Hauptmarkt. Mit offenem Mund starrt er gerade auf zwei riesengroße Ritter. Die recken sich mit schweren Rüstungen rechts und links an einer Hauswand in den Himmel. Sie halten leuchtend rote Fahnen an ellenlangen schweren Lanzen in der Hand. Trutzig blicken sie geradeaus, als müßten sie einen Schatz oder den Eingang zu einem Königsschloß bewachen. Pedro fällt noch mehr auf: „Das ganze Haus ist auf Stützen gebaut", murmelt er.

Herr Fischer hat mit den beiden anderen den Ausreißer entdeckt und legt ihm die Hand auf die Schultern: „Wenn du ein waschechter Trierer Junge wärst, dann hättest du jetzt ‚Steipen' statt ‚Stützen' gesagt. Nach diesem Trierer Wort heißt das ganze Haus STEIPE. Als die Steipe gebaut wurde, bildete das Erdgeschoß eine offene Halle. Darin tagte das Marktgericht, darin empfingen die Ratsherren hohen Besuch oder veranstalteten feierliche Gastmähler."

Nach der Sage ist Trier noch viel älter

„Aber kommt mal mit!" fährt Herr Fischer fort; er geht um die linke Ecke des Hauses: „Lest einmal, was da auf der roten Wand neben der Steipe steht."

Johannes entziffert:

ANTE ROMAM TREVERIS STETIT ANNIS MILLE TRECENTIS
PERSTET ET AETERNA PACE FRUATUR AMEN

Bei Herrn Fischer klappt der Mund auf, als Johannes auch noch anfängt zu übersetzen:

„Vor Romam stand Treveris, eintausenddreihundert Jahre ... und dann steht da noch ‚es soll bestehen und sich ewigen Friedens freuen‘. Aber Herr Fischer, sie können den Mund ruhig wieder zu machen. Kombiniere: Das ist ja so ähnlich wie Portugiesisch, das wir in Brasilien sprechen.

So wie die Gallier ihre Sprache mit nach Kleinasien nahmen – das haben Sie gerade erzählt –, brachten die Römer ihre Sprache, das Latein, nach Portugal, das habe ich in der Schule in Rio gelernt. Aber etwas stimmt doch hier nicht. Moment mal.“ Er legt den Zeigefinger an den Mund und denkt angestrengt.

„Jetzt weiß ich, was nicht zusammenpaßt: Wenn Trier schon dreizehnhundert Jahre vor Rom stand, dann wäre die Stadt heute viertausend und nicht zweitausend Jahre alt. Dann müßte die Leiter ja doppelt so lang sein!?“

Er sieht Herrn Fischer erwartungsvoll an. „Achten Sie auf die Löcher im Bauch, Herr Fischer,“ grinst Catarina.

Die Sage vom Königssohn Trebeta

„Da gibt es eine ganz alte Sage“, beginnt Herr Fischer. Sie setzen sich auf die Stühle vor der Steipe. „Sie wird zum ersten Mal von einem Trierer Mönch erzählt:

Der Urvater Abraham *ist gerade sieben Jahre alt, als im Morgenland die schöne und reiche Königin* Semiramis *regiert. Ihr Mann ist gerade gestorben, nun will sie ihren eigenen Stiefsohn TREBETA heiraten. Der aber flieht vor der bösen Frau. Und weil sie so viele Soldaten hat, zieht der Königssohn mit seinen treuen Freunden so weit wie möglich fort. Nach vielen Monaten kommen sie über Meer und Gebirge, durch Wüsten und Wälder an die Mosel. Dort finden sie ein herrliches Tal zwischen Quellbächen und duftenden Wäldern. Bald schon bauen sie Hütten und Häuser auf. Nach ihrem Anführer nennen sie den neuen Ort TREBERIS.*

Daraus wurde später TREVERIS und zuletzt TRIER."

Von diesen alten Geschichten können die Kinder nicht genug bekommen. Sie schauen noch einmal zu der Schrift am ROTEN HAUS, stehen langsam auf und gehen wieder um die Ecke zu den Figuren an der Steipenwand.

Eine Detektivaufgabe: der Trierer Stadtpatron

Herr Fischer schmunzelt, als er die Kinder ansieht. Catarina schaut von einem Riesen zum anderen. Sie versucht zu erkennen, was auf den Fahnen gemalt ist, die die ‚Rolande' – so werden die beiden auch genannt – in der Hand halten. Johannes versucht, die vier Figuren darunter zu erkennen. Nur Pedro blickt mit großen Augen zwischen den Steipen in das Café, in dem die Leute Kuchen und Eisbecher vor sich stehen haben. Er leckt sich die Lippen.

„Stellt euch vor, ihr seid berühmte Detektive." Herr Fischer dreht sich langsam um sich selbst und nickt dann. „Detektive können auch *hören*, was Spuren, Steine und Figuren zu ihnen sagen. Wenn sie dann genau zugehört haben und ein Rätsel lösen konnten, bekommen sie ihren Lohn. Eure Aufgabe: Wie heißt der Stadtpatron von Trier? Sechsmal haben ihn die Trierer auf dem Markt verewigt. Ich will euch noch etwas verraten: Vor zwanzig Minuten ist ein siebter Vertreter dazugekommen, allerdings nicht für immer. Als Detektivlohn bekommt jeder ein Eis."

Die drei Kinder laufen auseinander und betrachten jedes Haus um den Platz aufmerksam: alte Fachwerkhäuser mit gebogenen Fensterscheiben; die Fassaden bestehen aus dunklen Balken, zwischen die die Erbauer Stroh mit Lehm gezogen haben; würdige Apotheken, eine davon ist die älteste Deutschlands, so erfahren die Kinder auf der Schrifttafel; das alte MARKTKREUZ auf einer grauen römischen Säule mit dem Osterlamm; und der plätschernde MARKTBRUNNEN mit seinen feierlichen Statuen, den wasserspeienden Löwen und Engelsköpfen ... Die Kinder können sich nicht satt sehen. Johannes kennt aus der Schule die vier Haupttugenden: Klugheit, Gerechtigkeit, Tapferkeit und Maß.

An den Geräten, die die vier Hauptfiguren über dem Wasserbecken des Brunnens in der Hand halten, hat er sie erkannt und zeigt sie seinen Geschwistern. Catarina ist richtig stolz auf den großen Bruder. Pedro interessiert sich mehr für die frechen Äffchen dahinter, die lustige Streiche aushecken. Einer betrachtet im Spiegel sogar sein Hinterteil!

Auf einmal ruft Catarina: „Ich hab's ... Nummer drei! Seht mal ganz oben auf dem Brunnen, da steht doch der *heilige Petrus* mit den beiden Schlüsseln, dem Himmelsschlüssel und dem Schlüssel für die Erde!" „Wieso Nummer drei?", will Johannes wissen.

„Sieh doch mal, wen die Ritter an der Steipe auf den Fahnen tragen." „Okay: 3 : 0 für dich! Aber Herr Fischer wußte doch ..." Wie der Blitz schießt er zurück zur Steipe. Hat er eben nicht die vier Statuen unter den Rolanden genau betrachtet? Richtig, eine zeigt stolz auch hier den goldenen Schlüssel. „Petrus, Nummer vier!“ Wo sollen nur die beiden anderen und der siebte „Vertreter seit zwanzig Minuten“ stecken? Ein Zufall kommt den Kindern zu Hilfe. Ein Groschen fällt Johannes aus der Tasche und rollt auf einen Kanaldeckel zu. Im letzten Moment fängt er ihn noch und bleibt erstaunt hocken: auf dem schweren Eisendeckel steht am Rand die Jahreszahl 1901, in der Mitte ist wieder Petrus mit dem Himmelsschlüssel abgebildet! Später findet Catarina noch einen gleichen KANALDECKEL dicht neben der Steipe.

Mit beiden Händen in den Taschen schlendert Pedro noch einmal um das alte Kreuz und rennt plötzlich zu seinen Geschwistern zurück: „Von wegen sechsmal! Ich weiß, wo der heilige Petrus nochmal steht: auf einer Seite oben am MARKTKREUZ!“

Herr Fischer kommt näher und entdeckt auch verwundert den Stadtpatron an der Stirnseite des Querbalkens. Er ist nur bei gutem Wetter zu sehen.

„Tatsächlich, da ist noch ein Petrusbild. Das ist mir bis heute nicht aufgefallen. Dafür habt ihr ein dickes Eis verdient! Einen Petrus habt ihr mir noch nicht gezeigt,“ lacht er dann los, „den da!“ und zeigt auf den verdutzten Pedro. Der hätte vor Schreck beinahe einem Hund auf die Pfoten getreten.

Was die anderen Figuren an der Steipe erzählen

Natürlich ist es Johannes, der wissen muß, wer die drei anderen Heiligen an der Steipe sind. Herr Fischer erzählt der Reihe nach:

„Alle vier haben für die Stadt Trier eine besondere Bedeutung. Ganz rechts seht ihr *St. Paulus*.

In der einen Hand hält er das Schwert, mit dem er enthauptet wurde, in der anderen ein Buch.

Er hat in seinem Leben viel geschrieben und gelesen; Ihr wißt ja, auch einen Brief an die Brüder der Treverer in Galatien. Die Erwachsenen sagen von ihm, er sei der erste Gottesgelehrte – oder Theologe – der Christen. Aus diesem Grund wählten die Trierer Bürger ihn zum Schutzpatron für ihre erste Universität. Sie wurde eingeweiht, als dieses Rathaus noch im Bau war.

Den *heiligen Petrus* an seiner Seite hat Johannes eben am Himmelsschlüssel in der rechten Hand erkannt. Auch er hält ein Buch, sicher die Bibel, in der anderen Hand. Wie ihr wißt, lebte Petrus eine Zeitlang in Rom. Dort hat er bestimmt von der jungen blühenden Stadt der Treverer an der Mosel gehört. Die Leute erzählen, daß Petrus selbst den ersten Bischof von Trier ausgesucht hat. Für dieses wichtige Amt wählte er einen seiner besten Schüler aus: *Eucharius*. Für den langen und gefährlichen Weg in den Norden des Römerreiches gab er ihm *Valerius* und *Maternus* als Begleiter mit. Maternus starb auf der Reise. Da kehrten seine Freunde traurig nach Rom zurück. Petrus gab ihnen seinen Stab; damit sollten sie den Toten berühren. Sie taten es und Maternus konnte weiter mit den beiden ziehen. Da Petrus seinen Hirtenstab mit nach Trier gegeben hat, haben seine Nachfolger, die Päpste, viele Jahrhunderte lang keinen Stab getragen. Nur wenn sie Trier besuchten, nahmen sie ihn zur Hand.

Die heilige Frau neben ihm ist die Kaiserin *Helena*.

Ich werde euch noch viel von ihr erzählen. Sie ist die Mutter des großen Kaisers Konstantin, der Trier zur römischen Hauptstadt ausgebaut hat. Helena schenkte den Christen in Trier ihr Haus, damit sie eine große Kirche, den DOM, an der Stelle bauen konnten. Wenn ihr euch unter die Figur stellt, könnt ihr am Marktkreuz vorbei genau auf den Trierer Dom schauen. Von einer Reise ins Heilige Land soll sie vieles mitgebracht haben, was an Jesus erinnert: z. B.

die Sandalen Jesu, seinen Leibrock, Stücke des Kreuzes und die schrecklichen Nägel, die die Soldaten ihm durch Hände und Füße schlugen. Zum Andenken an diese Gegenstände hat ihr der Bildhauer das Kreuz in die rechte und die Nägel in die linke Hand gegeben.
Links außen steht *St. Jakobus.*
Er war wie Petrus ein Apostel. Nach dem Tode Jesu nahm er den Wanderstab, den ihr in seiner Hand seht. Sein Weg soll ihn bis nach Spanien geführt haben. Dort heißt der Heilige – übrigens wie bei euch in Brasilien – Tiago. Die Stadt mit seinem Grab heißt San – Tiago. In Trier wurde der Hl. Jakobus immer schon besonders verehrt. Hier sammelten sich die Pilger und gingen gemeinsam zu seinem Grab in Spanien. Fromme Männer und Frauen schlossen sich zu einer Jakobusbruderschaft zusammen; diese nahm die Pilger in ihre Häuser auf und tat den Armen und Kranken der Stadt viel Gutes. Für den Bau der Steipe spendete die Bruderschaft einen größeren Betrag, deshalb bekam ihr Heiliger auch einen Ehrenplatz."

Die Kinder freuen sich über den Regen

Eine Wolke hat sich vor die Sonne gezogen. In den Straßen segeln auf einmal Papier und Plastiktüten durch die Luft, schaukeln wie an einem langen Faden hin und her und platschen plötzlich gegen die Schaufenster und Häuser. Schon fallen die ersten dicken Regentropfen. Caterina faßt Pedro fest am Arm und läuft mit ihm hinter den beiden anderen her.
Gerade setzen sie sich lachend um einen Tisch im Steipen-Cafe, da prasselt draußen ein schwerer Wolkenbruch auf das Pflaster. Eine vornehme Dame ist mit ihnen hereingekommen. Sie bringt ihre Frisur in Ordnung während ihr weißer Spitz den Regen abschüttelt, daß es nur so spritzt. „Trier ist ein richtiges Regenloch!" hören sie die Dame zu ihrem Begleiter hin schimpfen.

Die Kinder freuen sich über den Regen: Das versprochene Eis schmeckt bei dem schwülen Wetter besonders gut.

Das Marktrecht

Sie sehen auf die Marktstände, die über den ganzen Platz verteilt sind.
„Nur Blumen und Gemüse, Obst und Südfrüchte“, wundert sich Pedro, „und da hinten noch Zeitungen, sonst kann man auf dem Markt nichts kaufen. Auf dem Markt in Rio gibt es Stände mit Hosen und Hemden und Werkzeug und Spielsachen. Mutter kauft dort auch Fisch, Fleisch und Brot.“ Er sieht Herrn Fischer fragend an.
„Du hast recht, wir gehen in die Geschäfte, wenn wir andere Dinge brauchen,“ meint er. „Das war aber nicht immer so. Einen Markt wie bei euch in Brasilien gab es früher auch bei uns in Trier. Darauf konnte man noch viel mehr erleben und sehen. Er lag genau hier an dieser Stelle im Mittelpunkt der Stadt. Nur bedeutende Städte bekamen das Recht, einen Markt einzurichten. Zum Zeichen, daß der Kaiser oder König einer Stadt das Marktrecht gegeben hatte, errichtete der wichtigste Mann der Stadt ein Marktkreuz. So war es auch in Trier, die Stadt wurde vor über tausend Jahren von *Erzbischof Heinrich* regiert. Sein Name ist auf unserem MARKTKREUZ mit der Jahreszahl 958 eingemeißelt.“

Ein schlimmes Osterfest

„Die große Pracht der Römerstadt war längst untergegangen. Ihr merkt, daß wir gerade wieder die Leitersprossen von der Gründung der Stadt an heraufklettern. Bevor wir in die Zeit des Erzbischof Heinrich kommen, sehen wir viel Leid über Trier hereinbrechen. Unvergessen ist das Jahr 882. Mit schnellen Schiffen sind in der Osterwoche Männer aus dem Norden, Nordmänner oder *Nor(d)mannen* genannt, gelandet. Sie fallen als Räuber und Plünderer über die Stadt her. Als sie fortziehen, hinterlassen sie ein unübersehbares Leid. Die meisten Häuser liegen in Trümmern. Die wenigen Überlebenden kommen aus ihren Verstecken in die rauchende Stadt zurück.

Um die Ruinen und über die Steinhaufen treten sie sich Trampelpfade. Das Gebiet, in dem sie die Häuser wieder aufbauen, ist viel kleiner als die Römerstadt."

„Klick!", ruft Johannes dazwischen, wie immer, wenn bei ihm der Groschen fällt: „Herr Jakob hat uns auch zwei STADTMAUERN gezeigt. Die römische war viel weiter als die aus dem Mittelalter." „Donnerwetter, du kombinierst wirklich wie ein Detektiv," staunt Herr Fischer. „Es gab sogar noch eine dritte Mauer. Die schloß nur den Dom und die Wohnungen darum ein. Über hundert Jahre nach dem Einfall der Normannen waren die Zeiten noch so unruhig, daß Erzbischof Ludolf sie um das Jahr 1 000 bauen ließ. Die schmale Straße uns gegenüber," er zeigt auf die *STERN*straße, „war der Einlaß in die kleine Domstadt. Das Tor, das dort stand, hieß Einlaßtor, oder auf Lateinisch PO*STERN*A-Tor.

Erzbischof Heinrich sucht einen neuen Platz für den Markt

An dieser Stelle treffen schon früher, zur Zeit Heinrichs, drei breite Wege zusammen, die von weit her kommen.

‚Das ist der ideale Platz für die neue Stadtmitte', denkt Erzbischof Heinrich, ‚an dieser Stelle treffen die Händler von weit her ein; auf die Trümmer können die Geschäftsleute ihre Läden bauen; wenn wieder Feinde kommen, können sich unsere Leute schnell in den Bereich um den Dom retten; wenn Streit ausbricht, sind unsere

Soldaten und Polizisten schnell bei den Streithähnen; für das Rathaus und das Gericht gibt es jedenfalls genügend Platz. Hier soll der neue Marktplatz sein!'"

Herr Fischer faltet den Stadtplan auseinander und zeigt mit dem Finger die weite römische* und die ganze enge Dom-Stadtmauer.

Ein Gang über den mittelalterlichen Markt

„Und wie sah der Markt damals aus?"
„Noch viel bunter als die brasilianischen Märkte! Zunächst werden die Leute wohl den Schutt weggeräumt haben. Die Römer hatten bei der größeren Stadtfläche ja auch eine andere Mitte, jetzt – nach dem Normanneneinfall – muß erst einmal Platz geschaffen werden. Die Sternstraße herunter floß der Bach der Weber, knickte nach rechts ab und lief weiter durch die Simeonstraße.

Handwerker und Händler bauten ihre Tische und Stände auf. Die Fischhändler hängten die Netze und Körbe mit ihren Waren in den Bach. Daher heißt eine Ecke des Marktes bis heute ‚An der Fischbach'. Die Metzger standen zusammen am unteren Ende, die Bäcker am oberen. Die beiden Straßen, die an diesen Ecken auf den Markt treffen, heißen deshalb bis heute Fleischstraße und Brotstraße. Ebenso hatten die Geldwechsler, die Schuster und die Werkzeugmacher ihre festen Plätze. Bei den Weinhändlern und Wunderdoktoren ging es lauter zu als bei den Leinewebern und Tuchfärbern. Bauern, Töpfer, Tischler und Nagelschmiede boten ihre Ware an; Wahrsager, Zauberer und Geschichtenerzähler lockten den Bürgern das letzte Kleingeld aus der Tasche. Eben habe ich euch schon erzählt, daß auch die Stadtväter hier in die Steipenhalle Besucher zu Empfängen und Festessen einluden, die Bürger zu Sprechstunden. Wer Neuigkeiten aus Trier und der ganzen Welt erfahren wollte, kam ebenso zum Markt wie der, der einen Dieb gefangen hatte. Das Marktgericht stellte die Bösewichte an den PRANGER. Da standen

* Der Verlauf der römischen Mauer ist in den Plan auf Seite 41 eingezeichnet.

sie, Hände und Füße in schweren Ketten, und mußten sich verspotten und ausschimpfen lassen."

Der Regenschauer ist vorbei. Der Boden dampft. Die Marktfrauen kommen unter ihren Schirmen hervor und schauen nach der Sonne. „Zahlen, bitte!", ruft Herr Fischer. Pedro ißt schnell sein Eis auf und rennt als erster hinaus. Sie gehen an den Marktständen vorbei zum Pranger in der Grabenstraße.

Dieser Teil der früheren Brotstraße hat seinen Namen von dem Graben bekommen, der vor die Dom-Stadtmauer gezogen war. Caterina schüttelt sich, als sie den Pranger sieht. Sie stellt sich vor, wie ein wütender Trierer Bürger einen hungrigen, bettelnden Dieb oder eine Marktfrau, die mit falschen Gewichten gemessen hat, hinter sich her zieht, wie der Richter das Urteil verkündet: Fünf Stunden Pranger! Die Soldaten ketten den Übeltäter an, manche lachen ihn aus, andere schütteln den Kopf, wieder andere zwicken oder bespucken ihn sogar.

Die Haustüre in der ersten Etage

„Ach, schau mal", flötet eine Frau neben Catarina. Diese wird aus ihren Träumen gerissen.

„Sogar einen Marterpfahl gibt es in dieser Stadt!" Catarina dreht sich um und erkennt die Dame aus dem Cafe. „Quatsch", sagt sie, „das ist ein Pranger!“ „Die Jugend von heute ... “ mehr hört sie nicht mehr, schnell läuft sie hinter den anderen her in Richtung Simeonstraße. Sie nickt Petrus auf dem Brunnen kurz zu und kommt atemlos bei den dreien an. „... Nichts verraten, mal sehen, ob ihr das auffällt!“ hört sie Johannes noch sagen.

Catarina sieht mit ihren Brüdern auf die andere Straßenseite. Da stehen vornehme Bürgerhäuser. Im Erdgeschoß haben fast alle langweilige Schaufenster: Metall, Glas, Metall, Glas ... und so weiter; eins wie das andere. Wenn Besucher aber den Kopf heben wie unsere Freunde und die herrlichen Fassaden entdecken, können sie ahnen, wie gemütlich und einladend die Geschäfte früher waren. Jetzt entdeckt Catarina auch, was Johannes meint: „Na klar, sehe ich es! Oben in der ersten Etage des Cafes ist eine richtige Haustür.“ Sie stutzt. „Komisch! War denn die Straße früher so hoch... oder... konnten die Bewohner fliegen?“ „Wenn wir hier im Urwald bei den

Indianern vom Amazonas wären, ...", denkt Pedro laut, „aber mitten in der Stadt laufen doch keine wilden Tiere herum, vor denen man sich schützen muß. Ach, unten gibt es ja noch eine Tür!"

„Die müßt ihr euch wegdenken! Der einzige Zugang war tatsächlich dort oben. Aber wie bei den Indianern sollen ungebetene Gäste weggehalten werden. Es waren rauhe Zeiten, als das Haus gebaut wurde. In kleinen Gruppen und großen Banden zog allerhand Gesindel umher. Da dachten sich einige Bürger etwas Besonderes aus: den Wohnturm. Eine Holztreppe, oder eine Leiter, die man nach oben ziehen konnte, führte zum Eingang im Obergeschoß. Wenn die Gefahr groß war, wurde die Leiter einfach hochgezogen.
Auf dem Schild könnt ihr den Namen des Wohnturmes lesen: DREIKÖNIGENHAUS.

Den schönen Schmuck an den Fenstern haben die Besitzer erst später angebracht. Wenige Schritte von der Steipe entfernt steht ein ähnlicher Turm in der Dietrichstraße: der FRANKENTURM; er wurde um 1 100 gebaut und bekam seinen Namen nach seinem späteren Besitzer: *Franco*.

Zurück in der Matthiasstraße

Herr Fischer schaut auf die Uhr. „Du meine Güte! Wir haben ja die Zeit ganz vergessen. Eine solche Stadtführung habe ich noch nie durchgeführt. Ich muß sagen, ihr wollt alles ganz genau wissen.", lobt er die Brasilianer.

Mit dem nächsten Bus fahren sie in die Matthiasstraße. Die Eltern und Frau Fischer schauen aus dem Fenster. „Na?" braucht Mutter nur zu fragen, da platzen alle drei los: „Das ist eine tolle Stadt! Wir haben heute morgen so viel erfahren. Herr Fischer muß uns das alles mal aufschreiben." „Gern! Ihr seid aber auch besonders gute Zuhörer, die mitdenken können. Wie kommen denn eure Lehrer ohne euch ein Jahr lang aus?"

„Na," meint Johannes großspurig, „die müssen sich eben mal besser vorbereiten!" Alle müssen lachen. Hungrig fallen sie über die Suppe her. Schweinebraten kennen sie, die Knödel dazu probieren sie zunächst vorsichtig; bald ist die große Schüssel leer.

Johannes zeichnet eine Leiter

Nach dem Essen trinken die Erwachsenen eine Tasse Cafe do Brasil, den Mutter Pescador mitgebracht hat. Catarina und Pedro versuchen, auf dem Stadtplan den Hauptmarkt und den Pranger, die Fleisch-, die Brot- und Grabenstraße zu finden. Johannes malt eine lange Leiter mit einem Holmen in der Mitte und vielen Sprossen daran. An die Sprossen schreibt er Zahlen. Fast ganz unten beginnt er mit der 0, dann fährt er fort: 1, 2, 3, 4 bis 20.

„Ich denke, ihr habt die Stadt besichtigt und keinen Stall mit einer Hühnerleiter!" Mutter schüttelt den Kopf.

„Das verstehst du nicht", verteidigt sich Johannes.

„Das ist unsere Zeitleiter zu den Treverern, Römern und Normannen!"

Herr Fischer rät ihm, die Leiter quer zu legen und kleine Bildchen oder Stichworte zu den wichtigsten Jahreszahlen einzutragen, um so einen richtigen Geschichtsfries anzufertigen.*

„Das wollte ich sowieso. Hier", er zeigt auf die erste Null, „da ist das erste Weihnachten, da ist Jesus geboren; hier fängt unsere Zeitrechnung an." Danach zeichnet er das Marktkreuz zur Zahl 958, eine brennende Stadt zu 882 als Erinnerung an den Überfall der Normannen, zur Ziffer 1220 die stolze Fassade des Dreikönigenhauses.
„Wann wurden die Steipe und der Marktbrunnen errichtet? Die fehlen mir noch in der Sammlung."

„Hierher, zur Jahreszahl 1595, kommt der Brunnen. *Hans Rupprecht Hoffmann* hieß der Bildhauer. Der Steipenbau wurde 1430 begonnen und 1483 fertiggestellt."

* Nachdem Johannes alles eingetragen hatte, zeichnete Herr Nollmeyer für euch den Fries neu. Ihr findet ihn am Schluß des Buches.

„Bitte male noch den Petrusstab hier ganz vorne hin", bettelt Catarina. „Der Mann auf dem Denkmal am Bahnhof fehlt noch", fällt Pedro ein. „Danke, du meinst den Kurfürsten Balduin von Luxemburg. Er regierte doch von 1307 an sechsundvierzig Jahre lang!"

Die Gründung der Augusta Treverorum

„Eine Zahl will ich aber auch noch genau wissen." Johannes ist zufrieden mit seinem Werk. Er zeigt auf den Abschnitt vor Christi Geburt. „Herr Fischer, Sie haben erzählt, daß im Jahre 0 Trier schon eine richtige Stadt war. Wie viele Jahre denn schon?" „Das interessiert mich auch", mischt sich der Vater ein. „Wann ist Trier tatsächlich gegründet worden, und warum ausgerechnet hier?"

Herr Fischer lehnt sich bequem in seinem Sessel zurück. „Mit der 2 000-Jahr-Feier 1984 haben wir Trierer uns festgelegt. Rechnet einmal 1984 Jahre nach Christi Geburt plus 16 Jahre vor Christus sind zusammen 2 000 Jahre! Wir sind also wieder in der Zeit des römischen Kaisers Augustus: 16 vor Christus.

Die Kinder wissen, daß auf der rechten Rheinseite die Germanen wohnen, auf der linken die Kelten. Der römische Feldherr Caesar versucht, in den Jahren 58 bis 50 vor Christus die Herrschaft über die keltische Seite zu gewinnen. Es soll noch etliche Jahre dauern, bis die letzten Stämme unterworfen sind. Aus seinem Buch über den Gallischen Krieg wissen wir, daß Caesar mit seinen Soldaten bis England zieht.

Nach seinem Tod kommt Augustus an die Macht. Er gründet im Mittelpunkt der Volksgemeide der Treverer die „Augustus-Stadt der Treverer": AUGUSTA TREVERORUM.

Euer Vater wollte auch wissen, warum ausgerechnet hier. Nun, auch das kann man erklären. Hier laufen die wichtigsten Straßen zusammen, zu ihnen müssen wir auch die Mosel und die Nebenflüsse Saar, Ruwer, Sauer und Kyll als Wasserstraßen zählen; hier gab es große Stapelplätze der keltischen Händler; ein Übergang führte über die Mosel; hier waren die Römer weit genug von den germanischen Überfällen entfernt, konnten aber von Trier aus versuchen, nach Germanien einzufallen; es gab genug Wasser aus Brunnen und frischen Bächen; hier war es nicht so kalt, das Tal lag von Wind und Wetter geschützt durch den doppelten Knick der Mosel.“ Herr Fischer zeichnet den Verlauf der Mosel auf dem Stadtplan mit dem Finger nach.

Wie es in der Römerstadt aussah

„‚Aus seinen Fehlern lernt man‘, so sagen die Leute“, fährt Herr Fischer fort. Die Kinder sitzen auf dem Teppich, die Arme um die Knie geschlungen schauen sie Herrn Fischer an.

„So wird auch Kaiser Augustus gedacht haben. Von 16 bis 13 vor Christus war er in Gallien. Er überlegte mit seinen Beratern, wie er das neueroberte Land der Kelten am besten ordnen und aufteilen könne. ‚Fehler haben unsere Vorfahren in der Hauptstadt Rom gemacht. Aus ein paar Häusern ist Rom gewachsen und immer größer und größer geworden. Die Straßen sind so eng, daß selbst die kaiserlichen Damen eine besondere Erlaubnis brauchen, wenn sie mit ihren Wagen zum Einkaufen oder zum Friseur fahren wollen. Hier an der Mosel planen wir von Anfang an richtig‘, so kann Augustus mit seinen Beamten überlegt haben. Vielleicht hieß der kaiserliche Befehl: ‚Augusta Treverorum soll breite Straßen haben, wie ein Schachbrett soll der Stadtplan aussehen. Die Straßen durchlaufen die Stadt von einem Ende zum anderen genau von Norden nach Süden, von Westen nach Osten. In die Felder zwischen die Straßen, die INSULAE, sollen private Häuser und Tempel, Geschäfte und Paläste gestellt werden! Genau in die Mitte kommt der Markt, das FORUM. In den oberen Teil des Forums werden die Verkaufsläden und Stapelplätze, in den unteren Teil der Versammlungsraum für die Stadtverwaltung, den Senat, und eine Marktbasilika gebaut!‘ Schon bald danach blüht die Treverer Siedlung auf. Mehrstöckige Häuser werden gebaut, zunächst aus Lehm, später aus festen Steinen. Die Straßen sind leicht gewölbt, an den Seiten verlaufen Wasserrinnen und unter der Straße große Abwasserkanäle zur Mosel. Als etwa 50 Jahre nach der Gründung der Augustus-Stadt ein römischer Besucher schreibt: ‚Augusta Treverorum ist eine reiche, blühende Stadt', da gibt es bereits Bürgersteige und überdachte Kaufpassagen. Das Trinkwasser fließt durch Bleirohre in die Brunnen und Privathäuser. Wir können heute nur staunen, wenn wir an den Bleirohren erkennen, daß für spätere Hausanschlüsse alle drei Meter Abzweigbuchsen von Anfang an vorgesehen waren.

Über die Mosel können die Händler und Spaziergänger mit trockenen Füßen gehen, eine erste Holzbrücke verbindet schon seit 17 vor Christus die großen Straßen. Bald werde ich euch die spätere römische Steinbrücke zeigen, die heute unter dem Namen RÖMERBRÜCKE bekannt ist. Sie wurde um 140 nach Christus gebaut, als die beiden Vorgängerbrücken aus Holz nicht mehr ausreichten. Als einzige der 29 Moselbrücken wurde sie übrigens im letzten Krieg nicht zerstört.

Augusta Treverorum ist durch die vielen Händler reich geworden. Sie ist im Gegensatz zu den Städten Mainz, Köln und Bonn keine Soldatenstadt. Von Trier aus kümmern sich Beamte und Händler um die Truppen am Rhein. Die Soldatenstädte versorgen sich bald aus den GETREIDESPEICHERN und riesigen Lagerhallen der Handelsstadt Trier.

Nicht viel weniger Menschen als heute, etwa 80 000, wohnen zur Römerzeit in vier-, fünf-, sogar sechsstöckigen Häusern. Reiche Bürger bauen sich um die Stadt schöne Landhäuser. Die Fußböden sind mit Mosaiken geschmückt, das sind Bilder, die aus ganz vielen bunten Steinchen gelegt werden. Die Wände sind bunt bemalt und viele Räume haben Fußbodenheizung. Ein Haus wurde vor kurzem gefunden, das im Erdgeschoß allein sechs Bäder hatte. Die vornehmen Bürger treffen sich in den großen Stadtbädern, später auch im Amphitheater oder auf der fast 500 Meter langen WAGEN- UND PFERDERENNBAHN am Petrisberg. Das Amphitheater werden wir in ein paar Tagen mal besuchen. Angst vor Überfällen haben die Trierer zu dieser Zeit nicht; erst spät im zweiten Jahrhundert ziehen sie eine Mauer um die Stadt: 8 Meter hoch, 4 Meter stark und fast 7

Kilometer lang. Wenn das Wetter schöner wäre, dann stünden wir heute mittag an einem der mächtigen Torbogen der Stadtmauer, der Porta Nigra. Aber morgen ist auch noch ein Tag."

Herr Fischer legt den Plan des römischen Trier* auf den Tisch und zeigt noch einmal die wichtigsten Punkte.

Eine kleine Atempause

An den kommenden Tagen sind die Eltern sehr beschäftigt. Die Kinder sehen sie nur zum Essen. So haben sie Zeit, zu dritt die Umgebung zu erforschen.

Bald stehen sie an der Mosel und schauen den tuckernden Schiffen nach, die bis an den Rand vollgeladen flußauf- und flußabwärts fahren. Bald sind die drei auf dem Abteihof von St. Matthias zu finden, bald auf dem nahen Spielplatz.

Endlich ist es so weit: „Morgen werden wir unseren Stadtbummel fortsetzen", verkündet Herr Fischer. „Die Porta Nigra stand schon beim ersten Rundgang auf dem Programm."

„Trotzdem hatten wir Glück, daß es geregnet hat", sagt Johannes, „was Sie uns heute erzählen und zeigen wollen, kann ich jetzt besser verstehen mit meinen Zeichnungen und den Geschichtszahlen, mit dem römischen Stadtplan und der ‚Fahrkarte', die Sie uns am ersten Morgen gegeben haben."

Das Völkergemisch in der AUGUSTA TREVERORUM

„Das ist eine gute Idee. Dann werden die Karten lebendig. Gebt mal einen Stadtplan!" Herr Fischer zeigt auf die Matthiasstraße. „Unser Haus hier in der Matthiasstraße steht nur wenige Meter vor der früheren römischen Stadtmauer. Eine der beiden römischen Haupt-

* Diesen Plan seht ihr auf der folgenden Seite.

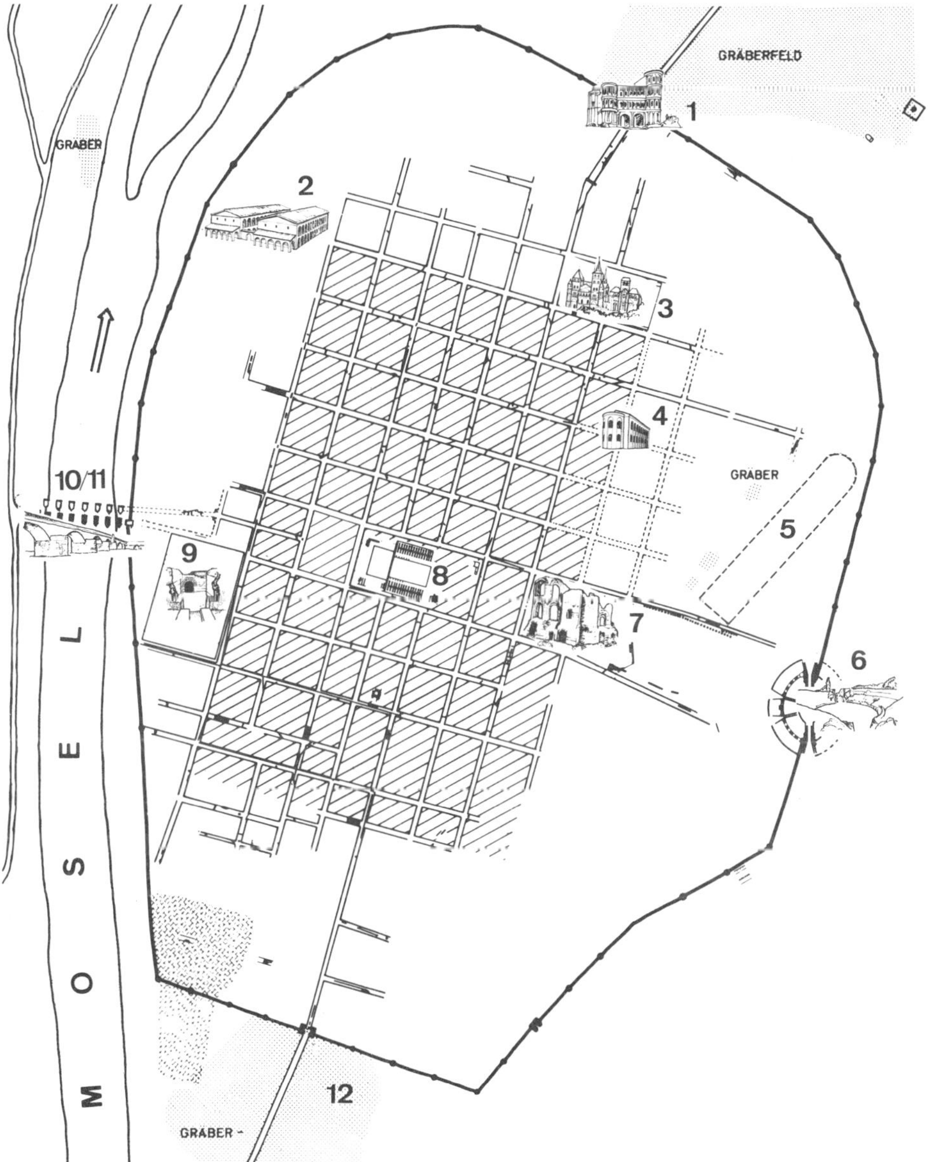

Plan des römischen Triers mit dem Verlauf der Stadtmauer
Zeichenerklärung: 1 Porta Nigra, 2 Horrea, 3 Konstantinische Doppelkathedrale, 4 Palastaula („Basilika“), 5 Pferderennbahn, 6 Amphitheater, 7 Kaiserthermen, 8 Forum, 9 Barbarathermen, 10/11 Römerbrücken (11 Holzbrücke, nicht mehr sichtbar), 12 Friedhof in St. Matthias.

straßen begann bei der PORTA NIGRA und endete hier bei der PORTA MEDIA. Ein weiteres Tor, die PORTA INCLYTA, war am Kopf der Römerbrücke; das vierte später gebaute Tor war die PORTA ALBA, das weiße Tor, hier bei der Wisportstraße (= weißes Tor). Zwischen der Stadtmauer und der heutigen MATTHIASKIRCHE lag ein großer RÖMISCHER FRIEDHOF. Die gefundenen Schädel wurden untersucht. Die Wissenschaftler haben dabei festgestellt, daß Römer und Griechen, Kelten und Schwarzafrikaner, Germanen und Orientalen friedlich in den Mauern der Römerstadt miteinander gelebt haben. Sie alle konnten römische Stadtbürger werden.

Ein noch gut erhaltenes Stück der römischen Stadtmauer mit einem halbrunden Turm auf dem Grundstück Irminenfreihof 8 (hinter der Fachhochschule für Ingenieurwesen).

Die Afrikaner waren bekannt als Mosaikleger, die Griechen als kluge und gerechte Lehrer. Schon bald nach der Stadtgründung bauten sich die treverischen Töpfer ihre Drehscheiben und Brennöfen wieder auf. Wenn Catarina uns morgens die Brötchen holt, kommt sie an der Töpferstraße vorbei. Dort hat man viele Tonscherben, Ziegelreste und Töpfereiwerkzeuge aus der Römerzeit gefunden."

Drittes Kapitel,
in dem von den Stadtmauern und dem mächtigen Tor Porta Nigra die Rede ist.

Die Porta Nigra

Die dreifachen Mauern von Trier

Am nächsten Morgen also steigen unsere ‚Stadtforscher' an der Töpferstraße in den Bus. Am Ende der Saarstraße steigen sie aus. Catarina zückt ihren Stadtplan: „Das ist doch viel zu früh! Erst die Hälfte bis zur PORTA NIGRA." „Ja, es ist genau die Mitte, Catarina, ..." Weiter kommt Herr Fischer nicht. Johannes fällt ihm ins Wort: „Klick!" Mit feierlicher Stimme redet er weiter: „Hier spricht Kaiser Augustus: ‚Genau in die Mitte kommt der Markt, das FORUM!'" „Donnerwetter!" Herr Fischer schnappt nach Luft und fährt dann fort: „Sechs Insulae waren für das Forum ausgespart. Heute ist der ganze Platz mit Häusern und Straßen überbaut."

„Da unten ist doch eine Stadtmauer! Wieso mitten in der Stadt?", will Pedro wissen. „Das muß dann die spätere Mauer sein, die aus dem Mittelalter", antwortet Catarina. „Richtig! Und an dieser Stelle hier befand sich bis vor etwa 100 Jahren das NEUTOR. An der untergegangenen PORTA MEDIA sind wir in die römische Stadt hineingefahren, jetzt betreten wir erst das mittelalterliche Trier." Sie gehen am Hotel Neutor vorbei durch die Neustraße und die Brotstraße. Von weitem leuchtet ihnen auf dem Pranger schon die rote Fahne mit dem Petruswappen entgegen. An der Sternstraße bleibt Herr Fischer stehen. „Erinnert ihr euch? Hier war das Posternator, das ‚Einlaßtor' zur Domstadt, die wieder ein – diesmal noch engerer – Mauerring schützte. Die Mauer wurde HELENENMAUER *oder* nach ihrem Erbauer, dem *Bischof Ludolf*, LUDOLFSCHE-MAUER genannt." Hier am Hauptmarkt fühlen sich die Kinder schon wie zu Hause.

Die mächtige Torburg: PORTA NIGRA

Auf den Postkarten und Prospekten, die nach Rio gekommen waren, hatten die Kinder schon das schwarze Bauwerk angestaunt. So gewaltig haben sie es sich aber doch nicht vorgestellt.

Sie kommen vom Hauptmarkt und sehen nur noch auf die schwarze Burg. Diese scheint aus dem Boden zu wachsen und immer größer zu werden.

Für die Touristen mit ihren Fotoapparaten und Heftchen, für den Getränkestand und die Andenkenläden haben sie im Moment keine Augen.

Catarina bleibt vor den Stufen stehen und greift nach der Hand von Herrn Fischer. Jetzt geht es ihr schon besser: „Ich habe zuerst gemeint, da steht ein ausgebrannter, vornehmer Palast. Die Fensterlöcher sehen mich wie leere Augenhöhlen an. Als wir näher gekommen sind, habe ich doch mehr erkannt. Gut gefallen mir die kleinen Säulchen; sie sehen aus, als hätte ein Riese sie mit einem Messer halbiert und an den klotzigen Türmen rechts und links hochgeklebt. Sehen Sie mal, alle Leute gucken langsam von unten nach oben bis zum dritten Stockwerk. Der linke Turm hat sogar vier Stockwerke."

Pedro rennt wie ein Wilder durch den einen mächtigen Torbogen ins Innere und kommt zum anderen wieder herausspaziert. Jetzt klettert er auf den klotzigen Steinen der Porta Nigra herum, versucht die eingeritzten Buchstaben zu lesen und untersucht die zugemauerten Löcher. Johannes steht breitbeinig auf einer der rechteckigen kurzen Säulen; diese sind in Reih und Glied an der Straße entlang aufgebaut. Auch er hebt langsam den Kopf. Zwischen den Fensterreihen entdeckt er schmale vorspringende Leisten, auf denen schwere Steinplatten aufliegen; diese tragen waagerechte Gesimse. Am meisten muß er die riesigen Steinbrocken bewundern, aus denen der ganze Bau aufgetürmt ist. Schwer lasten die Steine aufeinander.

Johannes springt herunter und betrachtet kopfschüttelnd die schwarzen Quader aus der Nähe: „Die meisten Steine sind wohl nie fertig behauen worden. An vielen Stellen springen noch dicke Nasen vor. Selbst da oben an den Torangeln. Wie wollten denn die Soldaten das Tor schließen?"

Sie gehen durch die Torbögen. Im Schatten wird es angenehm kühl. Catarina schüttelt sich. Von der anderen Seite sieht der Bau noch gewaltiger aus. Die beiden Türme stehen im Halbkreis vor. Fenster und Tordurchfahrten, Gesimse und Halbsäulen sind deutlich hervorgehoben. Um den Anbau auf der linken Seite kommen sie zu einfachen Bretterbänken. Sie setzten sich. Vor ihren Füßen liegen die schweren Steinplatten des römischen Fußbodens. Die Kinder wollen noch viel wissen.

Johannes hat Fragen

Catarina stößt Johannes in die Seite: „Na los, Professor, frag schon!" Sie kennt doch ihren Bruder. Der läßt sich nicht zweimal bitten:

„Also gut: wir wissen, daß das hier die Porta Nigra ist. Auch wenn sie nicht wie ein Stadttor aussieht, sondern wie eine Burg. Von hier aus lief eine schnurgerade Straße bis zum anderen Ende der Stadt. In der Mitte lag der römische Markt. Da waren wir vor einer halben Stunde noch. Einige Fragen habe ich aber jetzt zur Porta Nigra:

– Warum wurde die Torburg aus einem Loch aufgerichtet?" Er zeigt auf die Kinder, die mit Rollschuhen und Skateboards von beiden Seiten heruntergesaust kommen.

– „Viele Steine sehen aus, als seien sie nie fertig bearbeitet worden. Ich glaube, nicht einmal das eine Tor konnte geschlossen werden.

– Woher kommen die Löcher in den dicken Wackersteinen? Später haben die Leute die Löcher wieder zugemauert.

– Der runde Bau hier vor uns am niedrigeren Turm ist später dazugekommen.

– Vom Innenraum habe ich auf der ersten und zweiten Etage Figuren und Tafeln wie in einer Kirche gesehen. Das paßt doch nicht zu einer Mauerfestung?!

Hugh, ich habe gesprochen!“
„Ich will auch noch was fragen,“ ruft Pedro, „dürfen wir nachher auch unsere Anfangsbuchstaben in die Steine schreiben? Ich habe ganz viele komische Buchstaben gefunden.“

Die Porta wird gesund

Mit großen Augen sehen die Kinder Herrn Fischer an. Catarina ist wieder sehr stolz auf den großen Bruder. Auch Herr Fischer freut sich:

„Prima. Das ist ein Waschkorb voller Fragen. Ich staune, was euch alles auffällt. Viele Jahrhunderte hat die Porta Nigra uns Rätsel aufgegeben. Vor einigen Jahren stellten wir fest, daß sie ganz stark gelitten hat. Die Auspuffgase und andere schlimme Gifte in der Luft, aber auch die Erschütterungen der vorbeifahrenden Autos haben ihr in wenigen Jahrzehnten mehr Schaden zugefügt als die Jahrhunderte vorher. Ganz gründlich mußten Fachleute sie wieder ‚gesund‘ machen; das nennt man ‚sanieren‘.

Beim Graben und Mauern, beim Dachdecken und Anstreichen sind die Fachleute in die letzten Winkel gekommen. Dabei fanden sie auf die meisten Fragen eine Antwort. Aber jetzt wollen wir mal schön der Reihe nach euren Fragen nachgehen.“

Die Porta Nigra, eine tödliche Falle ...

„Johannes ist aufgefallen, daß die Porta für ein Stadttor eigentlich zu groß ist. Wir sagen deshalb besser: ‚Die Porta ist eine der vier mächtigen Toranlagen der Römerstadt.“ Tor anlage deshalb, weil sie zwei Doppeltore hat, durch die jeder hindurch muß, der in die

Stadt will. Dazwischen liegt der Zwinger. Hatten die Feinde das Tor gerammt, glaubten sie schon in der Stadt zu sein. Schnell ließen die Verteidiger ein Fallgatter herunter, und der Feind saß in einer tödlichen Falle. Von oben stürzten dicke Steine und Geschosse, heißes Öl und siedendes Wasser auf die Eingeschlossenen im Zwinger. Das war der ausgeklügelte Plan der Bauherren."

Die Porta Nigra, ein Schmuckstück

„Die Torfestungen sollten die Stadt beschützen, aber auch den Händlern, Besuchern und feindlichen Soldaten zeigen, wie mächtig und reich die Stadt war. Deshalb haben die Römer sie mit Säulchen und Simsen geschmückt. Catarina hat mir eben gesagt, daß sie sogar an einen Palast gedacht hat, als sie die Porta sah. Die riesigen Sandsteinblöcke kommen aus nahen Steinbrüchen, aus dem Wald bei Pfalzel, aus dem Tal der Kyll und des Biewerbaches. Die Steine waren freundlich hell und so konnten die Reisenden die Porta Nigra schon von weitem leuchten sehen. Wie die Brocken aufeinander getürmt wurden, können wir uns heute kaum vorstellen. Die Bagger und Raupenfahrzeuge, die hohen elektrischen Kräne gab es ja noch nicht. Die Steine waren haarfein behauen. Sie paßten so genau aufeinander, daß man keinen Mörtel zum Bauen brauchte. Die Blöcke wurden mit Eisenbleiklammern verbunden. Jede davon war 7 Pfund schwer. Metallräuber haben sie später herausgeschlagen. Daher stammen die tiefen Wunden, die erst beim Sanieren zugemauert wurden. Da kann man sehen, welch große Baumeister die Römer waren. Unsere Porta hat auch diesen Diebstahl überstanden. Eine Klammer, die die Räuber nicht gefunden haben, werden wir gleich in dem kleineren Turm im ersten Stock sehen."

Porta Nigra: Ein falscher Name?

„Moment, Herr Fischer, Sie haben uns jetzt nicht beschwindelt?" Johannes guckt ganz ernst über die Brille hinweg. „Porta Nigra auf

Lateinisch heißt sicher das selbe wie Porta Negra auf Portugiesisch: ,schwarzes Tor'. Schwarze Steine leuchten aber nicht hell!" Herr Fischer schluckt: „Bei euch kann ich nicht genug aufpassen. Alle Achtung! Ruß und Staub, so glaubte man bis vor kurzem, hatten allein die Steine geschwärzt. Bei den letzten Untersuchungen hat man den Hauptgrund gefunden: Schmutz und Millionen von kleinen Pflänzchen, die im Winter absterben. Nach knapp tausend Jahren war sie schon so schwarz, daß sie von den Trierern den Namen ,Schwarze Pforte' oder Porta Nigra bekam."

Die Porta Nigra, ins Loch gebaut?

„Johannes hat gefragt, warum das Gelände von allen Seiten zur Porta Nigra hin abfällt. Denkt mal an die Errichtung des Hauptmarktes!" Eine kleine Pause tritt ein. „Klick", ruft Johannes, als bei ihm der Groschen fällt, „Trümmer! Die Porta Nigra ist älter als alle Häuser rundum, weil sie nicht auf Bauschutt wie diese gestellt wurde!" und wie bisher folgt pünktlich das überraschte ,Donnerwetter!' Herrn Fischers.

„Bauschutt liegt nicht darunter, wohl aber eine noch ältere Straße und sogar Reste eines Friedhofs. Ihr erinnert euch: im zweiten Jahrhundert wurde erst der Mauerring um die Stadt gebaut. Dabei hat man die Stadt nach allen Seiten noch einmal ein bißchen vergrößert." Herr Fischer steht auf. Die Kinder folgen ihm in den Zwinger. „Hier könnt ihr am besten die unfertig behauenen Steinblöcke sehen. Johannes hat Recht, nicht einmal die Tore konnten wegen der hervorstehenden Stücke geschlossen werden. Das ist eine eigene Geschichte:

Rettung aus höchster Not

Es ist 197 n. Christus. Augusta Treverorum, die Augustusstadt der Treverer, hat ihren 200. Geburtstag schon gefeiert. Die Porta ist noch nicht ganz fertig. Steinmetzen stehen noch auf den Gerüsten, um dem Gebäude den letzten Schliff zu geben.

Da melden Kundschafter: ‚*Clodius Albinus* rückt mit seinem Heer gegen Trier. Er will *Kaiser Septimus Severus* vom Thron stürzen, um selbst Herr aller Römer zu werden!‘

Schnell werden die Gerüste abgerissen, und das Tor wird notdürftig verriegelt. Die Toranlage muß die erste Feuerprobe bestehen. Die Rundtürme erlauben den Verteidigern eine gute Übersicht. Die Holzläden der 132 Fenster werden aufgeklappt; die Wurfmaschinen dahinter nach vorne gerollt. Bis 150 Meter weit schleudern sie die Steine gegen den Feind. Aber die Übermacht scheint zu groß zu sein.

In letzter Minute kommt Hilfe aus dem nächsten Soldatenlager, aus Mainz.

Da oben sehe ich gerade einige Steinmetzzeichen. Pedro, das sind keine Namen von Touristen. Vielleicht haben sie den Steinmetzen angezeigt, aus welchem Steinbruch der Block stammt oder wer ihn behauen hat. Wäre Clodius Albinus nicht so plötzlich gekommen, dann wären auch diese Zeichen bei der Feinarbeit verschwunden.“

Die Porta Nigra als Kirche

„Jetzt sind wir schon einmal rundum gegangen. Wo kommen denn die Leute da oben in die Porta Nigra hinein?“, fragt Catarina. Pedro hat den Eingang natürlich längst entdeckt. Er schießt an ihnen vorbei: „Oh, guckt mal hier! Hier auf dem Bild ist die ganze Porta zugebaut. Rechts und links und auch davor, ja, sie hat sogar einen Turm; damit sieht sie aus wie eine Kirche!“

Der Wächter hinter der Glasscheibe muß lachen: „Tatsächlich, die Porta war einmal eine Kirche. Und diese Tatsache hat ihr einmal das Leben gerettet. Die meisten römischen Bauten standen nach dem Abzug der Römer leer, sie gehörten niemanden. Da kamen ...“.
„... die Metallräuber!“, ergänzt Johannes.

„Ach, Sie sind bei den Kindern, Herr Fischer!“ bemerkt der Mann, als er Herrn Fischer sieht, „die scheinen aber besonders helle zu sein!“

„Kann man wohl sagen, die halten mich ganz schön auf Trab. – Halt, Pedro, du wolltest doch wissen, wieso die Porta ihr Aussehen verändert hat.

Simeon, der Einsiedler

Viele Jahrhunderte lang beherbergte die Porta eine Kirche, die Sankt-Simeon-Kirche. Simeon war ein frommer Einsiedler. Auf einer langen, mühsamen Reise war er, aus dem Heiligen Land kommend, in Trier gelandet. Der Trierer *Erzbischof Poppo* suchte für seine Pilgerfahrt zu den heiligen Stätten gerade einen Führer. Einen besseren als Simeon konnte er kaum finden, kam der doch gerade erst daher. Gemeinsam zogen sie los. Sie wurden so gute Freunde, daß Simeon wieder mit nach Trier zurückkam. Am vornehmen Hofe des Erzbischofs wollte er aber nicht wohnen; darum ließ er sich um das Jahr 1028 in der Porta Nigra eine einfache Zelle einrichten. Die Tür wurde nach seinem Willen bis auf ein kleines Guckfenster zugemauert. Bis zu seinem Tode verließ Simeon diese Zelle nicht mehr. Essen und Trinken reichten ihm die Leute durch das kleine Fenster, damit er für ihre Sorgen und Nöte betete.

Gleich nach Simeons Tod ließ sein Freund Poppo die Torbögen der Porta Nigra zuschütten. Die breite Treppe von der Stadtseite, die ihr auf dem Bilde seht, wurde auf dem Schutt aufgebaut. Die beiden Stockwerke über dem Zwinger wurden zu zwei Kirchen ausgestaltet. Später kam noch der halbrunde Anbau dazu, den Johannes eben bemerkt hat.

Dem heiligen Simeon verdanken wir somit, daß von den vier römischen Stadttoren dieses noch erhalten ist. Kein Tor einer anderen Römerstadt ist besser erhalten."

„Dann stammen die Figuren und Tafeln tatsächlich aus einer Kirche." Johannes klopft sich selbst auf die Schulter. „Aber warum sind die beiden Kirchen nicht mehr in der Porta Nigra?"

Das Ende des Simeonskirche

„750 Jahre lang beteten Trierer in der Kirche. Da stürzten im nahen Frankreich die Untertanen ihren König vom Thron. Sie wollten sich nicht mehr als seine Knechte fühlen. Schon kurze Zeit darauf beschlossen sie, das ganze Gebiet der früheren Gallier bis zum Rhein zu erobern. Ihr wißt schon, daß auch das Gebiet der Treverer dazu gehörte. 1795 erorberten sie Trier. Dabei plünderten sie Kirchen und Klöster und brannten die meisten nieder. Als sie 10 Jahre später auch die Porta Nigra ganz abreißen wollten, befahl ihr *Kaiser Napoleon:*

‚Die beiden Kirchen müssen herausgerissen werden, das ältere ‚gallische' Bauwerk muß aber stehen bleiben!'

Napoleon meinte nämlich, die gallischen Treverer seien die Baumeister der Porta Nigra gewesen. Das war ein Glück für unser Prunkstück und für uns."

Im Inneren der Porta

Die Kinder laufen die Wendeltreppe hinauf und durchstöbern jeden Winkel. Sie rennen durch die römischen Wehrgänge, schauen hinunter in den Zwinger und lassen sich im Ostturm die erhaltene römische Eisenklammer zeigen.

Im Westturm ruft Herr Fischer sie noch einmal zusammen: „An vielen Stellen habt ihr die Spuren des Römertores gefunden, an anderen die Spuren der Simeonskirche." Er zeigt auf zehn große Tafeln. „Die stammen noch aus der Zeit der Simeonskirche. Ihr seht neun berühmte Heilige abgebildet. Sie lebten in verschiedenen Jahrhunderten, hatten aber alle eine große Bedeutung für unsere Stadt. Den heiligen *Martin von Tours* kennt ihr sicher von den Martinszügen. Er war oft in Trier zu Besuch. Mit Kaiser Valentinian stritt er im Jahre 375; zehn Jahre später wirkte er sogar ein Wunder, als er den Kaiser Maximus besuchte: Er heilte ein gelähmtes Mädchen und einen vom Teufel besessenen Mann. Der heilige *Hieronymus* hat im Jahre 370 den Galaterbrief übersetzt. Von ihm wissen wir übrigens, daß die Galater eine ähnliche klingende Sprache hatten wie die Treverer." Als Herr Fischer erklärte, daß der abgebildete *Papst Leo IX* im Jahre 1049 den Simeonaltar weihte, ‚klickte' es bei Johannes zum dritten Mal: „Ein Papst in Trier? Dann durfte er ja den Petrusstab tragen!" „Und wer sind die anderen Heiligen?", fragt Catarina. „Es sind zunächst der Bischof *Athanasius* und der heilige *Paulus von Konstantinopel,* beide lebten unfreiwillig in Trier; Kaiser Constantin II hatte sie wegen ihres starken Glaubens aus ihrer Heimat nach Trier verbannt. Neben dem heiligen Martin seht ihr den heiligen *Ambrosius;* er wurde in Trier geboren und war zur Zeit Martins Bischof der großen Stadt Mailand in Italien. Der heilige *Augustinus* ist der einzige Heilige auf den Platten, der nie in Trier war. Und trotzdem verdankt er einem Ereignis in Trier seine Bekehrung zu Christus. Das kam so: Römische Geheimpolizisten fanden in der Nähe der Wagenrennbahn ein Buch, blätterten darin und fanden die Lebensgeschichte eines frommen Mannes. Auf der Stelle bekehrten sie sich. Als einer von ihnen Jahre später diese Begebenheit dem Augustinus erzählte, hörte der mit seinem liederlichen Lebenswandel auf. In sein Tagebuch trägt Augustinus den Tag seiner Umkehr zu Jesus so ein: ‚Du aber Herr drehtest mich bei seinen Worten um, daß ich mir selbst gegenüberstand und nicht mehr den Rücken kehrte!‘. Als nächster ist der heilige *Theodor von Marseille* zu sehen. Als Gefangener des Frankenkönigs kam er 585 durch Trier. Neben dem Papst Leo ist der heilige *Bernhard* abgebildet. Er predigte bei einer Zusammenkunft vieler Bischöfe 1147 in Trier. Diese Versammlung wurde geleitet von *Papst Eugen III,* einem Schüler des heiligen Bernhard.“

Viertes Kapitel,
in dem ihr viel über die älteste Kirche Deutschlands, den Trierer Petrusdom, erfahren könnt

Der Petrusdom

Eine Säule stellt sich vor, der DOMSTEIN erzählt

„Ja, wenn Steine reden könnten, ...“ Herr Fischer hat Pedro, Catarina und Johannes nach einer Pause von einigen Tagen wieder in die Stadt geführt. Sie stehen vor dem Dom. Mit der Hand schlägt Herr Fischer leicht auf einen graublauen Stein, der vor dem Domportal liegt. Er sieht aus wie eine abgebrochene Säule.

„Unser guter Domstein hier hätte sicher eine Menge zu erzählen! Seine lange Geschichte geht zurück bis in die Römerzeit. Zunächst würde er sich wahrscheinlich so vorstellen:

‚Mein Familienname ist Granit. Ganz genau muß ich wohl sagen: Syenit.

Aufgewachsen bin ich im Felsenmeer im Odenwald. Eines Tages im Jahre 326 *kamen römische Handwerker zu uns in den Steinbruch. Sie erzählten, daß der große* Kaiser Konstantin *im 20. Jahre seiner Herrschaft einige christliche Kirchen erbauen ließ.*

Die Christen waren bis vor kurzer Zeit verfolgt, eingesperrt, manche sogar getötet worden. Das sollte jetzt anders werden. Die schönste, größte und gewaltigste Kirche wollte er an seinem Regierungssitz in der Augusta Treverorum errichten; ‚Trier‘ sagt ihr heute zu dieser Stadt. Es dauerte Jahre, bis wir aus dem Steinbruch geschlagen und auf Rollen, Wagen und Schiffen nach Trier geschafft wurden. Ehe wir auf die mächtige Baustelle, zwei ‚Inseln‘ des römischen Stadtplanes groß, kamen, war Kaiser Constantin schon gestorben. Sein Nachfolger Valentinian und sein Sohn Gratian, *bauten den Ostteil der DOPPELKIRCHE neu. Sogar der PALAST DER KAISERIN HELENA war niedergelegt worden, um Platz für die riesige Kirche zu haben. Ab und zu blinzelten uns noch Scherben, Münzen, Mosaiksteine, Glassplitter oder Bruchstücke einer herrlichen Decke aus dem Kaiserpalast an.*

12,50 m, ja ihr habt richtig gehört: Zwölfeinhalb Meter an einem Stück war jeder von uns Brüdern lang, das heißt: hoch, nachdem wir aufgestellt waren. Aus kleineren Stücken haben die Baumeister 1974 eine Säule von der ursprünglichen Höhe zusammengebaut. Ihr findet sie im Hof zwischen DOM und der LIEBFRAUENKIRCHE hinter der Glastüre."

Wie es im Dom zur Römerzeit aussah

„Wie vier Wächter standen wir Säulen", so erzählt der Domstein, „in einem quadratischen Raum von 40 mal 40 m. Der Raum war mindestens 30 m hoch und sah wie ein Riesenwürfel aus.

Wir trugen Bögen und eine kostbar ausgemalte flache Decke. Den Raum zwischen uns hatten die Bauherren mit fünf breiten Stufen erhöht. Auf dem Podest wurde eine Reliquie in einem kleinen Tempelchen ausgestellt. Ich meine, es war der HEILIGE ROCK, den Sankt Helena aus dem Heiligen Land mitgebracht und nach Trier gesandt hatte. Wenn ihr euch den Würfelbau von außen ansehen wollt, lauft mal nach links an der Vorderseite des Doms vorbei in die Windstraße. Da seht ihr noch die römische Mauer mit den Bögen der ehemaligen Fenster. Schade, im 18. Jahrhundert ist das obere Stockwerk der Mauer auf die jetzige halbe Höhe abgerissen worden. Diese Sandsteinmauern mit den roten Ziegelstreifen bilden das Zentrum der Kirche bis heute! Wenn ihr noch Zeit habt, könnt ihr nachher im Domfreihof die Mauer auf der anderen Seite bewundern.

Ihr könnt mir glauben, wir waren die stolzesten Steine im schönsten Christendom der Welt.

Die Römer verlassen die Augustusstadt der Treverer

Aber leider dauerte die Herrlichkeit nicht ewig: Die Völker in Europa wurden im 3. Jahrhundert unruhig wie ein wilder Wespenschwarm, sie wanderten hin und her. Sie hinterließen eine Straße aus Schutt und Asche. Bei dieser Völkerwanderung geriet im Jahre 406 und 407 wie schon früher das wilde Volk der Alamannen *nach Trier. Es hatte leichtes Spiel mit der Stadt, denn der Kaiserhof und auch die Verwaltung waren um das Jahr 400 in die Stadt Arles umgezogen.*

Die Trierer Bewohner flüchteten vor den Alamannen in die Umgebung. Einige verschanzten sich in das AMPHITHEATER, das ist die runde römische Kampfarena am Rande der Römerstadt.

Die herrlichen Bauten standen leer. Vor allem die Kirchen boten den fremden Soldaten reiche Beute. Wilde Horden zogen durch die Stadt. Sie steckten den Dom in Brand. Von der Hitze zersprangen wir Säulen wie Glas und rissen das Dach mit in die Tiefe. Ich", erzählt der Domstein weiter, „wurde viel später gefunden und vor das Domtor gerollt. Mit viel Fleiß halfen die Trierer ab 562 ihrem Bischof Nicetius, *den Dom wieder aufzubauen. Auf Pferdewagen ließ Nicetius alte gebrauchte Säulen vom Herrenbrünnchen zum Dom schaffen.*

Nach dem Normannensturm verfällt der Dom

Als die Normannen 882 Trier überrollten, steckten auch sie die Stadt in Brand. Wieder wurde der Dom nicht verschont. Ich schäme mich, es zu berichten: Um das Jahr 1000 zog kein Kaiser oder Bischof mit seinem Gefolge an mir vorbei zur Messe, sondern Vieh weidete in den Trümmern!

Poppo baut den Dom wieder auf

Der Freund ‚Simeons von der Porta Nigra', der gute Erzbischof Poppo, *baute das ‚Haus der Heiligen Helena' wieder auf. Natürlich fing er mit dem Quadratbau an. 1037 wurde dieser Mittelbau feierlich eingeweiht. Dazu wurden die Gebeine des Bischofs Maternus in feierlicher Prozession an mir vorbeigetragen. Danach begann Poppo noch mit dem Bau der Vorderfront. Jede freie Stunde widmete er dem Aufbau. Auf dem Baugerüst erlitt er einen Herzschlag und fiel tot um.*

Geht mal ein paar Schritte zurück! Das ist ein gewaltiger Anblick: die mächtigen Türme und die kleineren Treppentürme an der Seite!
53 m sind es von einem Ende der Fassade zum anderen.

Die Sage vom Domstein

Die schlimmen Zeiten, so hoffte ich, werden für immer vorbei sein. Damals entstand wohl die Sage von mir. Die Leute wußten nichts mehr mit mir anzufangen. So erzählten sie:

Die Trierer beschlossen, einen Dom zu bauen, wie ihn die Welt noch nicht gesehen hat. Dazu brauchten sie viel Geld und die besten Baumeister. Der Bau war noch nicht weit gekommen, da trat ein fein gekleideter Herr in die Bauversammlung: ‚Welch herrliches Werk errichtet ihr Bürger von Trier hier mitten in der Stadt? Soll es ein Tanzhaus werden, dann schenke ich euch die allerschönsten Steine und Säulen dazu!' Die Bauherren hatten längst gemerkt, daß der Teufel selbst ihnen dieses Angebot machte. Roch es doch nach Schwefel, und das war das sicherste Zeichen, daß der Teufel in der Nähe ist. Da die Kassen leer waren, willigten sie in den Handel ein. ‚Den Pferdefuß werden wir uns schon vom Halse halten, wenn das Gotteshaus erst fertig ist', überlegten sie miteinander. Der Bau wurde schöner und schöner, so daß die Domherren sich freuten. Auch der Satan rieb sich die Hände: ‚Wenn der Tanzsaal fertig ist, werden viele Leute zum Tanzen und Lachen kommen. Ich will ihnen die Freude schon verderben.

Wenn sie viel trinken, werden sie böse aufeinander und ... schon gehören mir ihre Seelen. Haha!' So schallte sein teuflisches Lachen, als er auf der letzten Säule durch die Luft nach Trier ritt. Da hörte er unter sich frohes Singen und Glockenklänge. Der Bischof von Trier weihte den fertiggestellten Dom dem heiligen Petrus als Schutzpatron und feierte mit seiner Gemeinde gerade die Messe. Voller Wut packte der Teufel die Säule und schleuderte sie auf das Kirchendach. Die Engel aber fingen sie auf und legten sie zur ständigen Mahnung vor das Portal der Kirche.

Jetzt wird es aber Zeit, daß ihr in den Dom hineingeht!'

Das alles und noch viel mehr könnte der Domstein erzählen, wenn, ja wenn Steine reden könnten."
Herr Fischer winkt den drei Kindern, die vor ihm auf der glatten Säule sitzen.

Bischöfe, Erzbischöfe und Kurfürsten drücken dem Dom ihren Stempel auf

„Am Domstein sind die Bischöfe, Erzbischöfe und Kurfürsten vorbeigezogen. Manche von ihnen demütig und bescheiden, andere als mächtige Landes- und Kirchenfürsten. Es wurde zum Brauch, daß sie sich im Dom einen eigenen Grabaltar errichten durften. Darauf stellten sie dar, was sie empfanden: sich selbst prächtig groß oder klein im Schatten der Heiligen. So sehen wir auf einem Altar einen Erzbischof und Kurfürsten in der Mitte als mächtigste Figur, auf einem anderen Altar einen anderen Kurfürsten als kleinste Gestalt, dem der *Schutzpatron des Domes, der heilige Petrus,* die Hand auf die Schulter legt. Andere Erzbischöfe stellten die Figuren ihrer Schutzpatrone auf den Altar; manche Altäre wurden von späteren Räubern bestohlen, so der des Kurfürsten Balduin. Ja, Steine können reden!" Herr Fischer nimmt die beiden Jüngeren bei der Hand.

Im heutigen Dom

Im Mittelgang setzen sie sich auf eine Bank und werden ganz still. Nur noch der mächtige Würfelbau erinnert an die Römerzeit. Durch die Fenster fällt mildes Licht auf den einfachen Steinaltar. Der steht auf einem Podest im ursprünglichen römischen Quadratbau.

Auf einem schmalen Schaft, angelehnt an einen Pfeiler, steht die KANZEL. Sie ist reich mit Figuren verziert. Der obere Teil sieht wie ein Korb aus.

Darunter, am Fuß, sitzen die vier Evangelisten *Matthäus, Markus, Lukas* und *Johannes,* die das Leben Jesu aufschreiben. Schräg über der Kanzcl hängt dic ORGEL wie ein mächtiger Tropfen an der Wand.

Viele hundert Fachleute haben von 1960 an 15 Jahre lang an allen Ecken und Enden im Dom gearbeitet. Sie haben auch nach langen Überlegungen die Orgel 1974 am selben Platz aufgehängt, an dem sie über viele Jahrhunderte früher schon angebracht war.

„Wie kommt denn der Orgelmann da oben hin?“ will Pedro wissen. Herr Fischer muß lachen: „Du meinst den Domorganisten. Der hat einen eigenen Aufzug links hinter uns. Damit fährt er hoch.
Von seinem Pult oben kann er aber schlecht auf den Altar sehen. Er muß trotzdem genau wissen, wann er spielen soll. Dazu helfen ihm die Fernsehkameras, die vorne neben dem Altar angeschraubt sind.“
„Das ist cin fciner Beruf, bei dem man Fernsehen gucken muß!“, denkt sich Catarina. Aber sie interessiert sich für etwas anderes:

„Wo liegt denn der heilige Mantel?“

Wieder muß Herr Fischer lachen: „Du meinst den *Heiligen Rock* “, flüstert er dann.

Zur Zeit Jesu trugen die Männer keine Anzüge wie heute, mit Jacke und Hose, sondern einen weiten bequemen Rock bis auf den Boden. Die Bibel erzählt uns, daß der Rock Jesu aus einem Stück gewebt war. Daher beschlossen die Soldaten bei der Kreuzigung, ihn nicht auseinanderzuschneiden. Sie verteilten alle Sachen, die Jesus gehörten, und warfen das Los über seinen Rock, wer ihn behalten darf. Ihr könnt euch sicher vorstellen, daß die Christen dieses Kleid gut aufbewahrten. Von Bischof Ambrosius, dessen Bild wir in der Porta Nigra gesehen haben, wissen wir, wer den Heiligen Rock zu uns an die Mosel gebracht hat: die heilige Helena! Sie war über 70 Jahre alt, als sie 326 ihren Kaisersohn Constantin in Trier verließ. Ihr Palast wurde in diesem Jahr niedergelegt; so paßte es gut, daß sie sich auf eine lange Reise machte. Mit vielen Begleitern, Wagen und Pferden zog sie über die guten Straßen wochen- und monatelang bis ins Heilige Land.

Dort forschte sie bei den frommen Christen so lange nach, bis sie das Kreuz Jesu und seinen Leibrock gefunden hatte. Dann erst zog sie zurück in die Kaiserstadt an der Mosel und brachte für die neue riesige Kirche beides in ihrem Reisegepäck mit."

„Klick!", ruft Johannes wieder einmal. Er hat sich schon gründlich im Dom umgesehen und ganz vorne neben der schwarzen Marmortreppe die heilige Helena mit dem Kreuz entdeckt.

„Die Treppe hinauf ist so ein Guckfenster, in dem ein Kreuz hängt. Dahinter liegt sicher der heilige Rock!"

Herr Fischer schluckt diesmal sein ‚Donnerwetter' herunter. „Tatsächlich hat ein Erzbischof dem Gewand Jesu eine eigene Kapelle an den Dom angebaut. Kommt, wir gehen leise hinauf. Leider wird der heilige Rock nur selten gezeigt. Wir können nur den flachen Holzschrein sehen, in dem er eingeschlossen ist. Darüber ist der Sternenhimmel mit wertvollen Steinen nachgebildet. Es ist genau das Sternbild vom Tage der Einweihung nach den 15 Jahren Arbeit, vom 1. Mai 1974."

Still steigen sie die Stufen neben der Sakristei nach oben. Bald stehen sie vor dem Blickfenster. Rechts und links halten Engel einen schweren Vorhang auf. Hinter der vergitterten Tür wird der heilige Rock aufbewahrt. „Über dem Sternenhimmel", so erklärt Herr Fischer leise, „sind die drei ersten Bischöfe von Trier zu erkennen: *Eucharius,*

Valerius und *Maternus,* über ihnen Maria mit ihrem Kind und ihrer Mutter, der heiligen Anna".

Auf dem Betschemel ist ein Gebet abgedruckt, das Johannes vorsprechen darf:

Herr Jesus Christus,
Heiland und Erlöser,
erbarme dich über uns
und über die ganze Welt.
Gedenke deiner Christenheit
und führe zusammen,
was getrennt ist. Amen

Die breiten Treppen zum Altarraum sind gesperrt. An den untersten Stufen stehen die *heilige Helena,* auf der einen Seite, am anderen Aufgang der Domgründer, *Kaiser Konstantin.*

Die Spuren der modernen Bauherren

„Wenn ihr Lust habt, könnt ihr euch gleich die Kellerkapelle unter dem Altarraum ansehen. Die Kapelle unter einer Kirche heißt KRYPTA. Die Bilder auf dem Altar und dem Bronzeportal der Krypta erzählen vom heiligen Petrus. Ich will euch von den vielen Ideen und Einfällen der modernen Dombauherren nur noch zwei zeigen. Danach könnt ihr ruhig im Dom umhergehen und mit den Steinen reden oder sie reden lassen.

Der erste Einfall sind die MOSE-SANDALEN auf den Altarstufen. Im Alten Testament wird erzählt, wie Mose einen Dornbusch sah, der brannte, aber nicht verbrannte. Gott, der Herr wollte aus dem Busch mit Mose reden:

‚Als der Herr sah, daß Mose näher kam, um sich das anzusehen, rief Gott ihm aus dem Dornbusch zu: Mose, Mose. Er antwortete: Hier bin ich. Der Herr sagte: Komm nicht näher heran! Leg deine Schuhe ab; denn der Ort, wo du stehst, ist heiliger Boden.‘

Die Steinmetzen haben die Sandalen des Mose auf den Altarstufen eingeritzt, damit die Leute daran denken, daß hier kein Museum zum Schauen, Lernen, Staunen ist, sondern ‚geheiligtes Land' zum Sprechen mit Gott und Hören auf ihn.

Die zweite Idee war, daß in der Kirche alle ihren Platz haben, ob Diener oder Herr, selbst die ÄRMSTE KIRCHENMAUS. Daran wird der Besucher der Krypta am anderen Ende des Domes erinnert. Geht er die Treppen zur Krypta hinunter, dann sieht er links neben sich auf dem Geländer ein steinernes Mäuschen auf sich zulaufen.

Nachher treffen wir uns wieder am Domstein. Einverstanden?" Die Kinder nicken. Sie sehen an einem der mächtigen Pfeiler empor, betrachten den blau schwarzen Grabaltar Balduins und die anderen Altäre der vielen Kurfürsten. Johannes findet den Eingang zum kühlen, schattigen Domkreuzgang neben der Sakristeitüre, Catarina den reich geschmückten Marienaltar gegenüber. Pedro geht durch das Windstraßentor und blickt, die Hände in den Hosentaschen vergraben, noch einmal an der römischen Mauer hoch. Am Domstein treffen sie sich.

Jeder rutscht noch einmal den Domstein herunter, selbst Herr Fischer. Dabei fällt ihm das Gedicht dazu ein:

De Duhmstaan

Om Duhmstaan sei mer romgerötscht.
Et waor net emmer ginstig.
De Box zerröß, de Kaap verlor,
de Kopp zerschonn, blutrinstig.
Kaom eich dann haam,
dao woßt eich gleich.
eich braucht kaan Red ze haalen,
eich braucht blus Guden Dag ze saon.
Dat anneret saot mein Ahlen.
Roff de Trepp
schlich eich mich off den Ziewen.
Doch mein Klepp,
die sein net ausgebliewen.

Die Domgeschichte auf einen Blick

„Puh“, stöhnt Johannes. „Für den DOM kann ich mir ja einen eigenen Geschichtsfries zeichnen:

326 hat *Kaiser Konstantin* angefangen ihn zu bauen; dazu paßt am besten der Domstein.

406/407 wird er *zerstört,*

ab *562* baut *Bischof Nicetius* ihn wieder auf,

882 kommen die *Normannen* und stecken ihn wieder in Brand.

Zum Jahr *1000* zeichne ich eine *Kuh,* die Gras auf den Trümmern sucht.

1037 baut *Erzbischof Poppo* den Mittelteil des Domes wieder auf und stellt die Vorderfront fast fertig.
Von den neuen Ideen zeichne ich zum Jahr

1974 die *Mosesandalen.“*

„Das hast du gut behalten. Der Dom hat aber noch viel mehr erlebt – zum Beispiel:

1. Bis *326* stand hier der PALAST DER HEILIGEN HELENA. Wertvolle Deckenbilder wurden mit dem Putz heruntergeschlagen, als der Bau niedergelegt wurde. Die Bilder wurden nach dem letzten Krieg gefunden und Stückchen für Stückchen wie ein modernes Puzzle zusammengelegt. Im BISCHÖFLICHEN MUSEUM hinter dem Dom können wir sie uns heute wieder ansehen, nachdem sie über 1 600 Jahre im Schutt gelegen haben.

2. Die KANZEL DES DOMS ist vom selben Bildhauer wie der Marktbrunnen angefertigt. Du kannst sie also auch in diese Zeit einzeichnen.

3. Als *1717* die Soldaten des *Prinzen Eugen* bei Belgrad die Türken besiegten, – vielleicht hast du im Geschichtsunterricht schon davon gehört –, feierten die Christen den Sieg in ihren Kirchen.

In und um den Trierer Dom brannten sie ein Feuerwerk ab; dabei geriet das Dach des Domes in Flammen und mußte wieder aufgebaut werden.

4. Zum Jahr 1 000 hast du eine grasende Kuh gemalt, weil Kühe im Dom auf die Weide gingen.

   Im Jahr *1800* sah es noch schlimmer aus:

   Soldaten der *Französischen Revolution* glaubten nicht mehr an Gott. Sie nahmen den Trierern den Dom, zerschlugen die meisten Altäre, sperrten Gefangene im Dom ein und benützten ihn als Lager- und Markthalle, die Marienkapelle sogar als Pferdestall.

Fünftes Kapitel,
in dem die Kinder bei Kaiser Konstantin in der Palastaula und im Amphitheater zu Gast sind

Die Palastaula

Die Einladung

„Hochverehrte Prinzessin Catarina, sehr geehrte Prinzen Petrus und Johannes! Heute sind wir zu einem Empfang beim römischen Kaiser eingeladen!"

Mit diesen Worten überrascht Herr Fischer die drei beim Frühstück.

„Vom ‚Haus der Heiligen Helena', dem heutigen Dom, werden wir losgehen. Zuerst besuchen wir das größte Bauwerk der Römer, die PALASTAULA; BASILIKA nennen wir Trierer sie heute.

Wenn die Zeit ausreicht, geleiten wir seine Majestät, den göttlichen Augustus Constantinus I, zu den Festspielen im AMPHITHEATER, der Arena am Rande der Römerstadt."

Vor dem Dom biegen sie in die Liebfrauenstraße ein. Die Straße hat ihren Namen von der Liebfrauenkirche gleich neben dem Dom. Oberhalb der Liebfrauenkirche wohnt der *Bischof von Trier* im alten BISCHOFSHAUS.

„Ich habe euch schon erzählt, daß der Erzbischof Ludolf eine Mauer um den Dombereich gezogen hat. Am Ende dieser Straße seht ihr eines der Tore davon, das MEERKATZTOR."

Die Basilika von außen

Herr Fischer biegt nach links ab, und der riesige rötliche Kastenbau wird sichtbar, den die Kinder schon am ersten Tage aus dem Taxi gesehen haben.

Der ganze Bau ist aus großen flachen Ziegeln errichtet. Die Höhe und Größe machen auf die Kinder einen gewaltigen Eindruck.

Apsis und Seitenwände sind durch zwei übereinanderliegende Fensterreihen aufgegliedert. Die Fenster liegen in tiefen Nischen. Vor den Nischen steigen breite Vorsprünge in die Höhe, die sich hoch oben in Bögen zusammenschließen.

Sie bleiben stehen.

„Zur Römerzeit hat die Basilika ganz anders ausgesehen. Die Mauern waren grau-weiß verputzt, die Fensternischen dunkelrot und sorgfältig ausgemalt. Unter den Fensterreihen könnt ihr einen dunklen Streifen erkennen; dort lief ein Holzgesims rund um den Bau."

„Das muß aber ein mächtiger Herrscher gewesen sein, der ein solches Haus bewohnt hat." Pedro ist schon vorgelaufen und ruft seine Geschwister: „Stellt euch mal hier an die Ecke und guckt nach oben! Da wird es mir ganz schwindelig, wenn ich an der Mauer vorbei bis in den Himmel schaue, so hoch ist die."

„Gewohnt hat der Kaiser nicht in der Basilika. Wahrscheinlich hat er darin seine Gäste empfangen. Wo der Palast des Kaisers Konstantin stand, wissen wir heute noch nicht", verbessert ihn Herr Fischer, „vielleicht neben dem Haus der Heiligen Helena."

In der Palastaula

Ganz still werden die Kinder, als sie die Halle betreten. „Oh Gott!", läßt sich Catarina nur vernehmen. Keine Zimmer, Gänge, Treppen, keine Etagen oder Balkone. Von der Eingangstüre bis ans Ende ein einziger riesiger Raum!

Sie setzten sich auf die obere der beiden Stufen neben die Tür. „Heute ist die Palastaula eine evangelische Kirche", Herr Fischer spricht leise. „Deshalb können wir uns nicht darin herumtummeln wie in der Porta Nigra.

Catarina hat beim Eintreten ‚O Gott' gemurmelt. Dieser Eindruck war wohl genau die Absicht des römischen Kaisers. Wer von ihm hierher zum Empfang geladen war, konnte schon meinen, zu einem Gott zu kommen. Von den Maßen der Riesenhalle allein war man tief beeindruckt. Viertausend bis fünftausend Menschen können in der Halle Wärme und Platz finden.

Von der hinteren zur vorderen Mauer mißt der Raum 67 m, von der rechten zur linken mehr als 27 m. Die Höhe beträgt 33 m. Die

Mauern sind zwischen 2 und 3 m dick, das Fundament sogar 7 m. Die Halle ist so groß, daß man die Porta Nigra hineinstellen könnte. An allen Seiten, ja sogar auf dem Dach der Porta könnten wir noch bequem herumspazieren, ohne an die Decke der Basilika zu stoßen. Neben der Porta hätten wir sogar noch einen kleinen Spielplatz frei.

Ehe der Besucher des römischen Kaisers die Aula betrat, mußte er durch einen reich geschmückten Vorhof und dann durch eine Vorhalle gehen. Dort bewunderte er Marmorsäulen und kostbar ausgelegte Böden und Wände aus grünen, weißen und schwarzen Marmorplatten.

Auf weißem und schwarzem Marmor schritt der Besucher zum Empfang. Kleiner und immer kleiner kam er sich vor, wenn er durch den Riesenraum nach vorne ging.

Die Wände waren im unteren Teil bis zur oberen Fensterreihe mit buntem Marmor ausgeschmückt, darüber mit Bildern aus bunten Steinchen und Goldglasstücken verziert. Diese Steinchenbilder heißen Mosaike.

Ganz vorne in dem Halbrund, Apsis genannt, saß der Kaiser auf seinem Thron, umgeben von den höchsten Beamten des Reiches. In kleinen Nischen standen wertvolle Figuren.

Der Raum wirkt noch mächtiger und länger als er in Wirklichkeit ist, da der Bauherr das Auge des Besuchers mit zwei besonderen Einfällen täuschte:
- er legte die Fensterbänke der oberen Fenster in der Apsis tiefer als im Langhaus und
- er ließ alle Fenster bis zur Mitte schmaler und von da an wieder breiter werden.

Der Schritt des Gastes klang hohl. Denn der Boden unter seinen Füßen war auf kleine Ziegelsteinsäulchen gelegt. In dem Hohlraum strömte warme Luft. Die Wände gaben ebenfalls Wärme ab; durch hohle Steine strömte auch hier der Rauch an den Wänden vorbei und wurde bei den Fensterbänken durch die dicke Mauer nach außen

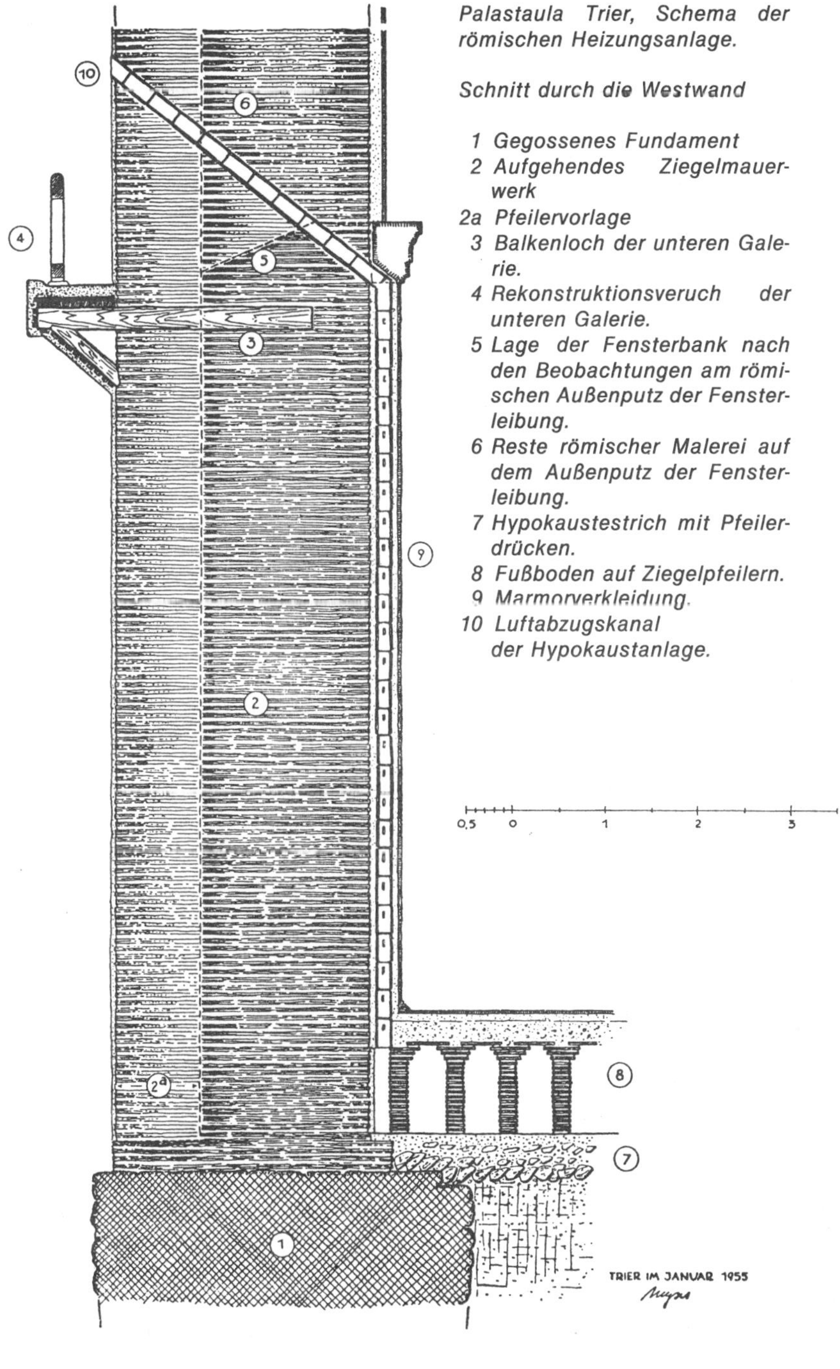

Palastaula Trier, Schema der römischen Heizungsanlage.

Schnitt durch die Westwand

1 Gegossenes Fundament
2 Aufgehendes Ziegelmauerwerk
2a Pfeilervorlage
3 Balkenloch der unteren Galerie.
4 Rekonstruktionsveruch der unteren Galerie.
5 Lage der Fensterbank nach den Beobachtungen am römischen Außenputz der Fensterleibung.
6 Reste römischer Malerei auf dem Außenputz der Fensterleibung.
7 Hypokaustestrich mit Pfeilerdrücken.
8 Fußboden auf Ziegelpfeilern.
9 Marmorverkleidung.
10 Luftabzugskanal der Hypokaustanlage.

geführt. An dem Rauchkranz um die Basilika konnte von außen schon jeder erkennen, ob der Raum für einen Empfang des Kaisers an diesem Tage geheizt wurde."

Das sanfte Licht im Raum wirft nur schwache Schatten auf den Boden. Das liegt an dem besonderen Glas der Fenster.

Aus der Geschichte der Basilika

„Johannes möchte sicher noch etwas aus der Geschichte der Basilika hören. Wie bei der Porta Nigra und dem Dom Sankt Peter haben uns die Steine schon viel erzählt:

Von 305 bis etwa 310 wurde die Basilika gebaut.
Die Stürme der Völkerwanderung konnten den dicken Mauern nichts anhaben. Das Dach allerdings stürzte ein, da die 35 m langen Holzbalken verbrannten.

Viele Jahrhunderte stand der Bau ohne Dach.
Die Mauern waren ein uneinnehmbarer Schutzwall; deshalb bauten die wechselnden Herren der Stadt darin mehrstöckige Häuser und Ställe um einen freigelassenen Hof in der Mitte.

Der Trierer Erzbischof *Lothar von Metternich* wollte 1614 die Basilika ganz abreißen, um ein Schloß an die Stelle zu bauen. Aber was die Jahrhunderte vor ihm nicht fertigbrachten, schafften seine Arbeiter auch nicht. Die Mauer war zu fest.

Seine Nachfolger haben das KURFÜRSTLICHE SCHLOSS einfach daneben gebaut und die linke Basilikawand stehen lassen, später die ganze Basilika wieder aufgebaut. Ihr könnt sehen, daß die rechte Wand nicht aus römischen Ziegeln, sondern aus dicken roten Sandsteinen hochgezogen ist.

Auf das Dach mußte die Basilika bis 1856 warten. Doch die römische Decke konnte nicht erneuert werden, da die Bauerherren nur zwei 35 m lange Balken finden konnten. Der König von Preußen gab die Basilika damals den evangelischen Christen von Trier als Kirche.

1944 im letzten schrecklichen Weltkrieg beschädigten Bomben den kurfürstlichen Palast und die Basilika; diese brannte völlig aus. 1956 konnte sie nach langen Bauarbeiten wieder als evangelische Kirche eingeweiht werden."

Auf dem Weg zum Amphitheater

„Der Empfang ist vorbei. Der größte Herrscher der Welt hat uns seine Macht und Stärke ohne Worte gezeigt. Seine Architekten und Bauherren haben durch die Steine und den reichen Schmuck der Palastaula zu uns gesprochen. Jetzt besuchen wir die Arena am Rande der Römerstadt."

Herr Fischer geht voraus ins Freie in den Palastgarten. Die helle Sonne lacht am Himmel; sie scheint auf die rosarote Fassade des Kurfürstlichen Palastes. Aus dem weiten gepflegten Park laufen breite Stufen auf die Eingangstür zu. Doppelsäulen tragen einen goldgeschmückten Balkon. Nach den strengen und fast erdrückenden Mauern der gewaltigen Basilika erholen sich hier die Augen der Kinder an den Schnörkeln, Verzierungen und bewegten Figuren.

Auf einer Parkbank packen sie die mitgebrachten Butterbrote aus. Im Palastgarten bei plätschernden Springbrunnen, bunten Blumenfeldern und saftigem Gras spielen die drei Nachlauf und Versteck, bis Herr Fischer sie zusammenruft.

An der mittelalterlichen Stadtmauer laufen sie entlang, klettern einige Stufen zum Wehrgang hinauf und landen vor den Kaiserthermen. Unter der Ostallee führt eine Unterführung zur anderen Straßenseite. Den Schildern AMPHITHEATER folgend sind sie nach einigen hundert Metern dort angekommen.

In der Kampfarena

Zwischen hohen Erdwällen und Mauerresten treten Herr Fischer und die Kinder in die Arena. Wie ein Wiesel in ein Erdloch ist Pedro

verschwunden. Er jagt durch ein Steintor, erscheint plötzlich auf den steil steigenden, mit Gras bewachsenen Zuschauerrängen, läuft über die vier Meter hohe Mauer, zählt die langen Schritte quer durch die Arena und saust in den Eingang zum Arenakeller.

Catarina und Herr Fischer sitzen auf der Bank in der Arena und schauen den Jungen zu. Johannes rückt seine Brille zurecht und untersucht die eingemauerten Tierkäfige und die Löcher im Boden. Dann geht auch er langsam in den feuchten Keller.

Auf dem schmalen Bretterpfad steht eine Touristengruppe. Leise stellt er sich zu Pedro hinter eine dicke Frau im blauen Kleid und hört dem Führer zu:
„... und hier im tiefsten Mittelteil fanden wir ein Wunderwerk der Technik: eine hölzerne Kolbenpumpe. Ingenieurstudenten aus aller Welt pilgern in unser LANDESMUSEUM, wo sie jetzt steht, um sie dort zu studieren.

Das Grundwasser wurde mit ihrer Hilfe in den noch sichtbaren Abwasserkanal hochgepumpt.

Die vier tiefen brunnenartigen Löcher im Felsen geben den Fachleuten Rätsel auf. Stammen sie von schweren Gewichten, die die ganze Bühne der Arena heben und absenken ließen, oder sind es Pfostenlöcher für vier große Masten, an denen mächtige Segel zum Schutz gegen Sonne und Regen befestigt waren? Wir wissen es nicht. Mit Sicherheit gab es einen Aufzug, mit dem die Käfige der wilden Tiere nach oben in die Arena und die Tier- und Menschenleichen in den kühlen Keller befördert wurden."

Johannes läuft es kalt über den Rücken. Er hat genug gehört. Er muß zurück an die helle Sonne. Auch Pedro hat seine Rundreise beendet, und Johannes findet die drei im Schatten eines dicken Baumes. Herr Fischer erklärt gerade eine andere Besonderheit: „ . . . so ausgeklügelt gebaut, daß man eine fallende Münze in der Arena bis in die oberste Reihe hören konnte."

Aus der Geschichte des Theaters

„Pedro wollte eben wissen, welche Spiele der Kaiser hier durchführte," wendet sich Herr Fischer dann Johannes zu. Doch der fällt ihm ins Wort:

„In vielen Filmen haben wir doch schon Gladiatorenkämpfe und Spiele auf Leben und Tod zwischen wilden und zahmen Tieren, aber auch zwischen Bestien und Menschen gesehen. So wird es auch hier gewesen sein. Aber haben hier im Amphitheater in Trier tatsächlich Menschen ihr Leben verloren?"

„Ja, Johannes. Zwei Opfer kennen wir sogar mit Namen. Kaiser Konstantin, unser Gastgeber heute, hat den Bestien Gefangene vorgeworfen. Einmal waren sogar zwei fränkische Fürsten, *Ascarius* und *Merogaisus* mit Namen, dabei.

Schrecklich muß es da im Keller zugegangen sein. Auf dem Wege hierher sind wir ganz nahe am Landesmuseum vorbeigekommen.

Dort werden Verfluchungstäfelchen gezeigt, die hier im Arenakeller gefunden wurden. Aber auch eine wertvolle Dose aus Elfenbein ....“

„Klick, kombiniere!“, alle schauen gespannt auf Johannes, der Herrn Fischer wieder das Wort abgeschnitten hat.

„Eine wertvolle Dose ..., haben Sie nicht erzählt, daß die Bewohner beim Einfall der Normannen die Stadt verlassen haben und in das Amphitheater flüchteten! Dann stammt die Dose sicher daher. Einem Gefangenen haben die Soldaten sicher vorher alles Wertvolle abgenommen!“

„Donner ...“, Herr Fischer schluckt. „Das hast du ganz toll behalten. Aber schön der Reihe nach:

Etwa 50 n. Chr. bauten sich die römischen Bürger an dieser Stelle eine Kampfarena aus Holz.

Für die vielen Zuschauer war diese bald zu klein. 50 Jahre später, also um 100 n. Chr., rückten sie ihr Amphitheater, das ist der griechische Name für ‚Rundherum-Theater‘, näher an den Petrisberg. Die Erde, die sie vom Berg wegnahmen, brauchten sie für den Wall auf der anderen Seite. Rund 20 000 Zuschauer fanden auf den 26 Sitzbankreihen Platz. Vornehme Familien konnten einen ständigen Sitzplatz erwerben. Der Name der Familie wurde in den Stein eingemeißelt. 75 m lang und 50 m breit ist die Kampfbahn.

Die Arena lag am Ende der Straße, die von der Brücke über das Forum und die Thermen führte. Zwei Tunnels brachten die Besucher zu den Plätzen. Dazwischen lag der Sitzplatz des Kaisers. Je nach Art der blutigen Spiele konnten verschiedene Tribünen, Masten und andere Einbauten aufgestellt werden. Dazu dienten wahrscheinlich die Löcher im Boden, die Johannes eben untersucht hat.

Ihr wißt, daß Trier sehr spät, in der zweiten Hälfte des 2. Jahrhunderts erst, eine Stadtmauer bekommen hat. Dabei schlossen die Römer das Amphitheater als Eckpunkt dieser Mauer an. War der Feind durch das äußere Tor eingedrungen, stand er – ähnlich wie bei der Porta Nigra – auf einem offenen Platz, der von allen Seiten beschossen werden konnte. Das zweite Tor war wieder fest verriegelt. So wurden tatsächlich auch an den Weihnachtstagen des Jahres 406 Sperren in die Tore gestellt.

Eben sind wir durch die Stadtmauern aus der mittelalterlichen Stadt hinausgegangen. Das Amphitheater lag also weit von diesem engeren Ring entfernt, es wurde daher bald eine unnütze Ruine.

Das Kloster Himmerod in der Eifel bekam 1211 das Recht, das Amphitheater als Steinbruch zu seinem Aufbau zu benutzen. Ähnlich erging es fast allen römischen Bauten der Augusta Treverorum.

Der große Circusplatz

Neben dem Amphitheater lag ein großer Circusplatz. Auf diesem tummelten sich aber nicht wie heute Elefanten, Clowns und Trapezkünstler. Er war für Wagen und Pferderennen bestimmt. Wenn ihr in das Landesmuseum geht, könnt ihr auf dem römischen Stadtplan ebenfalls am Fuß des Petrisberges die Anlage bewundern. Sie war 470 m lang und fast 100 m breit. Wir wissen, daß es dort Kampfbahnen, Zuschauertribünen und kleinere Bauten gab. Leider ist heute der ganze Platz durch die Hermes-, Egbert-, Helenen- und Agritiusstraße und durch moderne Häuser überbaut.“

Sechstes Kapitel,
das von einer modernen und von einer römischen Badeanstalt erzählt

Die Kaiserthermen

Vater sucht die Auswanderer

„Trier gefällt mir von Tag zu Tag besser!“ Vater legt die Zeitung beiseite und setzt sich zu den anderen an den Abendbrottisch. „Zuerst die freundliche Aufnahme bei Ihnen, dann in der Universität ... Mit meinen Studien geht es auch gut voran. Ich bin einer Familie auf der Spur, die kurz vor 1830 von Trier nach Brasilien ausgewandert ist. Die Steuern waren damals so hoch, daß viele Leute hohe Schulden machten, um sie zu bezahlen. In Brasilien dagegen versprach König Pedro den Einwanderern Land und Vieh umsonst und zehn Jahre lang Steuerfreiheit.

Sicher finde ich in den alten Büchern, Briefen und Aufstellungen noch mehr über das Schicksal der Familienmitglieder. Aber wenn ich ganz ehrlich bin, etwas fehlt mir nach sechs Wochen: das Meer. Ich würde mal gerne wieder schwimmen!“

Endlich wieder schwimmen

„Nichts ist einfacher als das!“ Frau Fischer verteilt gerade Bratkartoffeln mit Rührei. „Das Meer können wir Euch auch nicht bieten, aber wir können morgen zusammen ins STADTBAD gehen!“

„Hurra!“. „Pack die Badehose ein ...“ – „Darf ich Martin auch einladen?“ „Dann geht Helena aber auch mit.“ Die Kinder schreien durcheinander, daß die Erwachsenen ihr eigenes Wort nicht verstehen. Mutter winkt ab: „Jetzt seid doch mal still! Ich finde die Idee auch ganz prima. Wie zu Hause darf jeder von euch eine Freundin oder einen Freund zum Schwimmen mitbringen.“ Auf dem Spielplatz haben Pedro und Catarina zwei Kinder, Martin und seine Schwester Helena, kennengelernt. Sie wohnen nur ein paar Ecken weiter.

Im Hallenbad

Kurz nach dem Frühstück klingelt es. Die Freunde sind schon da. „Unser Hallenbad wurde vor ein paar Jahren für viel Geld umgebaut. Die Backsteinfassade mußte erhalten bleiben; aber im Innern ... na, ich will nichts verraten.“ Frau Fischer drückt jedem eine Münze in die Hand.

„Guckt mal, hier unten gibt es Massagen, eine Sauna und sogar einen Gymnastikraum.“ Schnell sind die Kinder umgezogen, verstauen ihre Kleider in den kleinen Schränkchen, und ab geht es unter die warmen und kalten Duschen. Als sie in die Schwimmhalle kommen, bleibt Pedro erst mal stehen. Martin schießt wie ein Blitz an ihnen vorbei ins Becken mit den abgetrennten Wettkampfbahnen. Johannes entscheidet sich für das Springerbecken daneben. Mit einem eleganten Kopfsprung landet er vom hohen Sprungturm im Wasser. Helena und Catarina planschen schon in dem Warmwasserbad. Von einem gedrehten Turm sprudelt ständig angenehm warmes Wasser auf sie herab, unter der Wasseroberfläche schießt mit starkem Strahl ebenfalls Wasser ins Becken. Pedro geht auf Entdeckungsreise. Hinter dem Becken mit dem warmen Wasser findet er ein Planschbecken für die kleinen Kinder, daneben ein weiteres Schwimmbecken. In einer runden Wanne sitzt ein Dutzend Jungen und Mädchen auf Steinbänken, während ganz warmes, frisches Wasser von unten nachsprudelt. Sonnenbänke mit elektrischen Strahlern, Spielautomaten, bequeme Liegestühle, Fernsehen, ein Restaurant mit einer Bar, ... er kommt aus dem Staunen nicht mehr heraus.

Da spürt er eine Hand auf der Schulter. Es ist der Vater: „Na, mein Junge! Aus Rio sind wir schon viel Gutes gewohnt, aber in einem so tollen Bad war ich auch noch nicht. Komm, wir schwimmen um die Wette: Martin, Helena und die beiden Fischers gegen unsere Familie.

Johannes ist Schiedsrichter.

„Auf die Plätze ...“

Den ganzen Vormittag tollen sie im Stadtbad umher. Zwischendurch wärmen sie sich im Warmbecken oder unter der Dusche auf.

Lachend, in Handtücher gehüllt, treffen sie sich am Mittag zum Essen vor dem Planschbecken. Nach dem Schwimmen haben alle einen Bärenhunger.

„Da wären die Römer aber wohl neidisch, wenn sie so ein Bad sehen könnten.“ Johannes knabbert an seinem Hähnchen und schaut sich um, als gehöre das ganze Bad ihm allein.

Alteburg oder Kaiserthermen?

„Sehen wir uns doch das römische Bad des Kaisers an, es ist ja auf der anderen Straßenseite!“, schlägt Vater vor. „Die Kinder wissen durch Ihre Führungen sowieso schon viel mehr als ich und meine Frau. Woher kommt es eigentlich, daß ich immer meine, die Mauerreste auf der anderen Seite seien von einer alten Burg?“ „Das können Sie vielleicht gleich selbst beantworten, wenn wir unseren Rundgang beendet haben.“

Hinein in die Kabinen, umziehen, durch die Drehtüre hinaus, die Treppen runter ... und schon warten die „Männer“ auf die vier „Frauen“, die noch ihre Haare tocknen müssen. Auf der anderen Straßenseite sitzen die Kinder auf der Mauer und genießen den selben Blick wie vor zwei Monaten aus dem Taxi: Der Dom und die Basilika ragen hoch über dem Häusermeer in den Himmel.

Wo die Römer und Treverer badeten

Als sie zusammen sind, will Pedro zu den Ruinen laufen; Martin hält ihn fest: „Hier in der Weberbachstraße müssen wir anfangen. Von hier aus ging es nämlich in die römischen Kaiserthermen!“ „Martin hat recht!“ Herr Fischer führt sie auf die Wiese. „Die Römer hatten zwei riesige Badepaläste: die BARBARATHERMEN und die KAISERTHERMEN. Beide sind etwa gleich groß und liegen gar nicht so weit auseinander. Die Barbarathermen standen schon 150 Jahre, als der Kaiser in seinem Palastbezirk um das Jahr 300 mit dem Bau seines Badehauses anfing.

Die Barbarathermen

Nur die Thermen des Kaisers Trajan in Rom waren im 2. Jahrhundert größer als die Badeanstalt in Trier. Aber die Barbarathermen sind nicht nur älter als die Kaiserthermen: auch später, als die Kaiserthermen schon längst einem anderen Zweck dienten, gingen die Bewohner der Augusta Treverorum noch zum Baden in die Thermen an der Brücke. Deshalb haben ihre Steine viel erzählt, was die Kaiserthermen verschweigen. Es gab dort mehr Räume und Innenhöfe. Diese bauten sich die ‚Herren-von-der-Brücke‘ im Mittelalter als Wohnung aus. Die Anordnung der Räume war aber ähnlich wie bei den Kaiserthermen. Deshalb sehen wir uns heute genauer die Kaiserthermen an.

Zwei Badepaläste in einer Stadt?, werdet ihr fragen.

Wie es in einem Römerbad zuging

Ja, wir kommen doch auch gerade nach vier Stunden erst aus dem modernen Stadtbad. Ihr habt gesehen, was man da alles anstellen, spielen, feiern kann. Es ist so viel, daß Johannes meinte, die Römer könnten neidisch darauf werden. Das brauchten sie aber gar nicht. In ihrem Leben spielte das Baden eine ganz wichtige Rolle. Im Bad konnte man viele Leute treffen und mit ihnen in aller Ruhe sprechen. Man konnte sich nicht nur die Haare und Nägel schneiden lassen, Ärzte und andere Heilkundige bemühten sich auch um die Gäste. In Geschäften gab es Früchte und andere Eßwaren, in kleinen Restaurants war Gelegenheit zu frühstücken. Wer größere Dinge einkaufen oder verkaufen, einen neuen Dichter aus seinen Werken hören, Wettspielen zuschauen oder selbst daran teilnehmen wollte, der kam ebenso in den Badepalast wie der, der den neuesten Klatsch und Tratsch erfahren wollte. Ihr merkt schon, das Bad war damals Treffpunkt wie heute der Markt, das Gasthaus, das Cafe und der Sportplatz.

Der Plan der Kaiserthermen

Von dieser Stelle, der heutigen Weberbachstraße, trat der römische Besucher durch den HAUPTEINGANG des Bades in einen großen Raum. In einem halbrunden KUPPELBAU sah er plätschernde Wasserspiele. Durch eine Säulenreihe konnte er in kleine Räume zum Einkaufen, Frühstücken, Reden oder in die Zimmer des Arztes oder Masseurs kommen. Die Säulen standen um einen großen SPORTPLATZ, auf dem am Tag und bei Beleuchtung sogar abends noch gespielt und geturnt werden konnte. Über kostbare Marmorplatten und Mosaiken traten die Männer in die Umkleideräume und konnten sich für eine der großen Badehallen entscheiden. Einige gingen wohl zuerst ins WARMWASSERBAD. Dort fanden sie drei beheizte Schwimmbecken in kunstvoll ausgestatteten Nischen. Nachdem sie einige Bahnen geschwommen waren, lauschten sie vielleicht einem Musiker oder einem Dichter.

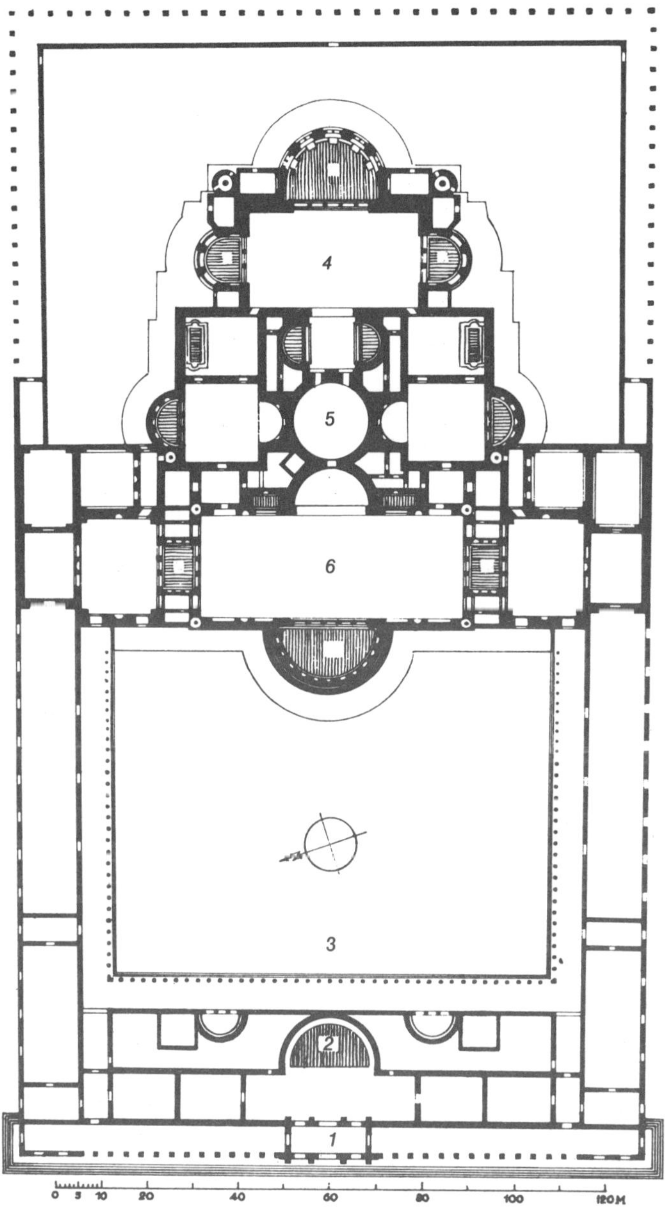

1 Haupteingang
2 Kuppelbau
3 Sportplatz
4 Warmwasserbad
5 Warmluftbad
6 Kaltwasserbad

Grundriß der Kaiserthermen (erster Bauzustand).

In einem kreisrunden Raum daneben, dem WARMLUFTBAD, strömte von dem Fußboden und von allen Seiten wohlige Wärme. Heiße Dämpfe stiegen auf, während die Besucher mit ihren Bekannten auf und ab gingen. Kleine Türen führten zu Zimmern, in denen Badewannen standen. Diener reinigten, trockneten, ölten, massierten in diesen Räumen vornehme Badegäste. Andere Diener begossen sie auf Wunsch mit heißem oder kaltem Wasser. Darin waren wohlriechende Kräuter aufgerührt.

Erfrischt betraten sie den größten Saal, das KALTWASSERBAD. Allein dieser Raum war etwa so groß wie die Basilika! Zwei rechtekkige Becken an der Seite waren mit warmem Wasser gefüllt. In einem großen halbrunden Becken mit Kaltwasser fand jeder Abkühlung. Besonders im heißen Sommer tat das gut.

Wem der Raum zu kalt war, der konnte Wechselbäder nehmen oder ins Warmwasserbecken springen. Andere gingen wieder zurück ins Warmluftbad oder in einen der kleineren Schwitzräume. In den Räumen begegnete man immer wieder auf- und abgehenden kleinen Gruppen. Die sportlichen Herren tummelten sich auf dem Gymnastikplatz.

Na, wie sieht es jetzt aus? Wer kann wen beneiden? Wir die Römer oder diese uns?

Allerdings haben es die Frauen heute besser: Im Römerbad trafen sich nur die treverischen und römischen *Herren*.
Wir wollen uns jetzt ansehen, was noch von diesem Badepalast übriggeblieben ist.“

Die Geschichte der Alteburg/Kaiserthermen

Während sie durch den Palastgarten auf die Ruinen zugehen, erklärt Herr Fischer, warum Vater an die alte Burg dachte.

Wie alle Römerbauten haben auch die Thermen eine erlebnisreiche Geschichte hinter sich. Während die vier Kleinen schon vorlaufen, erfahren die Eltern Pescador und Johannes von Fischers das Schicksal der Kaiserthermen:

„Als Augusta Treverorum im Jahre 293 Sitz des Kaisers wurde, wollte dieser die vornehmen Römer und Treverer in der Nähe seines Palastes haben. Dazu plante er den Bau des Badepalastes.

Zunächst mußten wie bei der Doppelkirche zwei Inseln des Stadtplanes von älteren Häusern geräumt werden. Sie wurden eingeebnet. Die Maurer errichteten sehr sorgfältig zwei schmale Wände aus Kalksteinen mit Ziegelstreifen. Dazwischen gossen sie den ‚Römerbeton', der eisenhart wurde. 250 m lang und 145 m breit sollte die Anlage werden, aber wahrscheinlich ist sie als Badezentrum nie ganz fertig geworden.

Kaiser *Valentinian I* begann nach 360 bereits mit dem Umbau. Er riß Teile ab und hat wohl neben dem Stadtforum ein Kaiserforum aus der Palastanlage bauen lassen.

Als die Römerstadt kleiner wurde und viel später im Mittelalter die engere Stadtmauer entstand, schlossen die Bürger an die Kaiserthermen rechts und links die Mauer an. Die Thermen dienten nun als Stadttor. Ein großes Fenster wurde als Tor offengelassen, der Raum daneben diente als Zollstelle. Lange Zeit wohnte der Herr der Stadt, der Burggraf, in den Mauern. Von da an hieß die Anlage ALTEBURG. Erst seit den Ausgrabungen 1912 bis 1914 wissen wir wieder genau, daß die Burg ursprünglich ein Badepalast war. Die Mauern, die nicht der Alteburg dienten, wurden wie die Mauern des Amphitheaters als Steinbrüche benutzt. Dadurch zerfielen sie immer mehr. Zur 2000-Jahr-Feier 1984 wurden die abbröckelnden Bögen geschlossen.

Zur Alteburg gehörte lange Zeit ein großer Bau, das AGNETEN-KLOSTER. Als die französischen Revolutionssoldaten es auflösten, diente es zunächst als Kaserne, danach, bis zu seiner Zerstörung im letzten Krieg, als Wohnung für viele Leute.

Der Badegeist

Am Eingang treffen die vier Erwachsenen und Johannes wieder die Kleinen. Sie studieren die Zeichnungen und Bilder, auf denen dargestellt ist, wie es früher aussah. Die Bilder hängen neben dem Pförtnerhaus. Die Kinder suchen die verschiedenen Badesäle und Nebenräume und spazieren im Geiste als vornehme Römer durch den Palast.

Kurz darauf jedoch hört man sie durch die Gänge jagen. Treppauf, treppab, über- und nebeneinander laufen hohe schmale Wege tief unter der Erde.

Auf einmal ertönt ein Schrei, der allen durch Mark und Bein geht. Catarina kommt leichenblaß aus einem Steinloch geklettert: „Da unten ist ein Geist!“, stößt sie hervor. Der Vater und Herr Fischer fassen sich ein Herz und steigen in die dunkle, feuchte Unterwelt. Bald erkennen auch sie an der dunkelsten Stelle ein unheimliches Leuchten, schwach, rötlich ... Es schwingt langsam von rechts nach links, hin und her. Herr Fischer kramt sein Feuerzeug hervor. In der zitternden Flamme erkennen sie ... Martin.

Der hat als Pfadfinder immer eine kleine Taschenlampe bei sich. Den oberen Teil mit dem Birnchen hat er in den Mund gesteckt, so daß das Licht durch die Backen schimmert. Jetzt muß er über die dummen Gesichter prustend lachen. Wie ein Blitz huscht er in eine Nische, springt über ein Mäuerchen in die nächste unterirdische Etage und ist wieder verschwunden. Nur noch von ganz weit hören die beiden Männer sein Lachen. Da platzten sie endlich auch los und lachen aus vollem Hals.

„Der hat uns einen ganz schönen Schrecken versetzt!“, erzählen sie bei Tageslicht den Frauen.

Eine moderne Fußbodenheizung

„In den Gängen können Kinder wirklich ganz toll spielen.“, stellt Herr Fischer fest. „Sie gehören zu den ältesten Teilen der Thermen. Die Bequemlichkeit der badenden Gäste hat natürlich auch eine andere Seite. Woher kamen die heißen Dämpfe, das kalte, warme und heiße Wasser, wohin floß das Regenwasser, das Brauchwasser der Badebecken und das Putzwasser?

In zwei Stockwerken untereinander sorgten Diener für das Wohlbefinden. Zuunterst befinden sich die Abwässerkanäle, die in einen Hauptkanal zur Mosel münden.

Durch Bleirohre wurde ständig frisches Wasser aus dem Flüßchen Ruwer zugeleitet. In großen Kesseln mußte es erwärmt werden.

Der Fußboden war wie in der Basilika doppelt. Es gab einen Heizungsboden und einen Saalfußboden. Der Saalfußboden lag auf vielen gemauerten Ziegelpfeilerchen. Der Raum zwischen den beiden Böden wurde durch Heizkanäle ständig warm gehalten.

Diese Art von Heizung wird in modernen Wohnhäusern wieder verwendet. Heute verlaufen Röhren mit heißem Wasser unter dem Fußboden. Damals war es etwas anders: Heiße Luft und Rauch strömten durch den Zwischenraum und stiegen durch hohle Ziegelsteine an den Wänden vorbei. So erwärmten sie auch noch die Mauern. Eine solche Heizung ist nebenan im Landesmuseum und in den Barbarathermen aufgebaut. Sie heißt HYPOKAUSTENHEIZUNG. Ein wenig habe ich euch davon in der Basilika schon erzählt. Wenn ihr einen freien Tag habt, geht doch einmal ins Landesmuseum oder in die Barbarathermen und schaut euch die römische Hypokaustenheizung an.

Das Feuer in den Kanälen mußte angezündet und mit Holz und anderem Brennmaterial unterhalten werden. Dazu dienten die vielen Gänge. In ihnen wurde das Holz transportiert und gestapelt, die Asche wurde hinausgeschleppt.

In manchen Gängen gab es Lichtschächte, andere wurden mit Fackeln und Holzspänen so schummrig erleuchtet wie eben der Gang vom ‚Badegeist Martin'. Alle müssen wieder lachen. Am lautesten Mutter Pescador; sie sagt zu ihrem Mann: „Sieh mal, wie schwarz und schmutzig die Kinder vom Spielen sind. Sie sehen aus, als hätten sie die Hypokaustenheizung drei Tage lang versorgt. Beim nächsten Mal gehen wir erst in die römischen und dann in die modernen Badeanlagen!"

Siebtes Kapitel, in dem die Kinder Römisches und Mittelalterliches an der Mosel entdecken

Ein Mosel-Kran

Vor Sonnenaufgang am Fluß

„Pst, ihr beiden! Geht ihr mit?“

Es ist früh am Morgen. Die Sonne ist noch nicht aufgegangen. Catarina weckt ihre Brüder. Die Erwachsenen schlafen noch. Die Kinder huschen in die Kleider. Johannes legt einen Zettel auf den Tisch: „WIR SIND AN DER MOSEL“. Leise ziehen sie die Haustür hinter sich zu. Der Zeitungsbote klappert die Briefkästen ab. Es ist ganz ruhig, selbst die Autos an den Bordsteinen scheinen noch zu schlafen. Von Ferne pocht schwach wie ein leiser und regelmäßiger Herzschlag ein Schiffsmotor.

Wenige Minuten später sitzen die Kinder am Ufer der Mosel. Wie lange haben sie sich auf den kleinen Ausflug gefreut!

Sie starren in den ruhigen Strom, aus dem feuchte Nebel aufsteigen. Kleine Wellen plätschern an die Ufersteine. Vögel segeln mit wenigen Flügelschlägen vorüber. Niemand spricht ein Wort. Stromauf kommt das Pochen näher. Ruhig und bedächtig schiebt sich auf dem glitzernden Wasser ein Schiff vorbei. Die Wellen am Ufer werden unruhig, lauter und kräftiger ... und verebben bald klatschend und hüpfend, dann strudelnd und gurgelnd am Land.

Auf der anderen Seite der Mosel im Taleinschnitt streckt die ST. HELENA-KIRCHE vom Stadtteil Euren ihren Turm wie einen Finger in die Höhe.

Mit den Bergen auf der Eurener Seite fängt die Eifel an. Stromab treten die 300 m hohen Berge näher an die Mosel. Dort erkennen die Kinder die 32 m hohe MARIENSÄULE mit der über sechs Meter hohen Statue darauf. Am 8. Oktober 1866 haben fromme Bürger sie zur Erinnerung an die Gottesmutter auf dem roten Sandsteinfelsen aufgestellt. Darunter kuschelt sich das kleine Maria-Hilf-Kapellchen.

Inzwischen ist es heller geworden. Die Kinder stolpern hinunter zum Fluß. Ein Pfad läuft am Ufer entlang, der LEINPFAD. Er hat seinen Namen von der langen Leine, mit der Pferde, Esel oder starke Männer früher die schweren Schiffe stromaufwärts zogen.

Laut schimpfend fliegen Vögel auf: die Kinder versuchen flache Steine über das Wasser hopsen zu lassen.

Das Wiedersehen mit Herrn Jakob

Unter der Moselbrücke setzen sie sich nieder ins Gras und schauen einem Angler zu. Den Kopf und Rücken haben sie doch schon gesehen! ... Natürlich: im Taxi am ersten Tag! Es ist Herr Jakob. Sie laufen zu ihm. Ist das eine Freude.

„Na, ihr Ausländer. Ihr seid immer noch in Trier!“ Er läßt die Angel am Ufer stehen und setzt sich mit ihnen auf eine Bank. Johannes erzählt von ihren Erlebnissen:

„Am Anfang waren wir ganz schön durcheinander. Was wußten wir schon von Kurfürsten und Stadtmauern, von römischen Kaisern und ihren Schwimmbädern. Aber inzwischen hat uns Herr Fischer aus ‚Mattheis‘, der Sie gut kennt, schon viel gezeigt. Wie haben Sie doch gesagt: ‚Trier muß man kennenlernen, um es gern zu haben.‘ Wir sind auf dem besten Weg dazu.“

Herr Jakob packt seine Brote aus und teilt sie mit den Kindern. „Was treibt ihr aber in aller Herrgottsfrühe allein an der Mosel?“ Catarina erzählt, wie sehr sie der Fluß angelockt hat.

„Dann rufen wir schnell bei Fischers an und sagen Bescheid, wo ihr steckt. Wenn ihr Lust habt und eure Eltern nichts dagegen haben, sehen wir uns ein paar Sachen hier in der Nähe an. Einverstanden?“ „Einverstanden!“, rufen die Kinder.

„Einverstanden!“, sagt endlich auch der Vater am Telefon.

„Einer von euch hat doch den Kurfürsten Balduin auf dem Brunnen für einen Römer gehalten. Nun, das war er ja nicht, aber der fleißige Mann hat auch etwas mit der Römerbrücke hier vor uns zu tun. Was, das werdet ihr gleich erfahren.

Die Geschichte der Römerbrücke

Schon bevor die Römer hierher kamen, gab es einen flachen Übergang durch den Fluß, eine Furt. Für die vielen Waren der Römer – Augusta Treverorum war ja schnell eine bedeutende Handelsstadt geworden – reichte die Furt bald nicht mehr aus. Im Jahr 17 vor Christus wurde eine erste Holzbrücke errichtet. Eine zweite, etwa 370 m lang, wurde einundsechzig Jahre später im Jahre 44 nach Christus auf 11 Pfeilern gebaut. Bei Niedrigwasser sieht man heute noch die römischen Holzpfähle.“

„Herr Fischer nannte aber die Jahreszahl 140 n. Chr.!?“, will Johannes wissen.

„Was ihr schon alles wißt!“ Herr Jakob schüttelt staunend den Kopf.

„Die Holzbrücken standen wenige Meter weiter flußabwärts. Diese Brücke hier ist schon die dritte. Von der zweiten Brücke aus konnten die Arbeiter gut diese Steinbrücke bauen. Sie rammten jetzt keine Pfähle als Fundament mehr ins Flußbett, sondern hoben hinter raffinierten feuchten Tonwänden Fundamentgruben bis auf den

Felsengrund aus. Das Werkzeug und die Maschinen dazu konnten sie über die ältere Holzbrücke nahe an die Baustelle heranschaffen.

Auf den Fundamentgruben bauten sie mit Basaltsteinen starke Pfeiler auf. Die etwa ein Meter hohen und bis drei Meter langen Steinbrocken verbanden sie wie bei der Porta Nigra mit Eisenklammern, die in Blei vergossen wurden. Die Pfeiler laufen stromaufwärts spitz zu. Dadurch können treibende Balken der Brücke keinen Schaden zufügen; im Winter wird sogar das Eis an der Pfeilerspitze gebrochen. Die Fahrbahn auf dem Pfeilern war noch bis zur Zeit des Kurfürsten Balduin aus Holz. Seine Baumeister verbanden im Jahre 1343 die Pfeiler durch die schweren Steinwölbungen. Die römischen und die späteren Herren schlossen die Brücke durch feste Tore an die Stadtmauer an. Das Tor auf der Stadtseite ist noch auf alten Bildern zu sehen. Es wurde wie das Neutor erst vor 100 Jahren abgerissen. Das schöne Doppelkreuz auf dem dritten Strompfeiler und der *Schutzpatron der Schiffer, Sankt Nikolaus,* darunter, sind noch keine 300 Jahre alt.

Kommt, wir packen die Angel ein und gehen noch ein Stück zu den beiden KRANEN. Ihr habt ja von euren Eltern Urlaub bis zum Mittagessen."

Herr Jakob geht mit der Angel in der Hand vor den Kindern unter der Brücke durch.

Die Mosel als Straße

„Ihr glaubt nicht, was die gute alte Mosel schon alles auf ihren Wellen von und nach Trier geschleppt hat. Treverer und Römer luden Wein und Stoffe, Ziegel und Eßwaren *in* die Schiffe, Marmorblöcke aus Italien, Gefäße mit Öl, Salz und sogar Fischsauce aus Spanien *aus* den Schiffen. Der Domstein ist ebenso mit dem Schiff ‚angereist' wie die dicken Steinquader der Brücke. Auch die römischen Soldaten am Rhein mußten versorgt werden mit Schilden, Speeren, Bogen, Wurfmaschinen und Pfeilen, aber auch mit Kleidern, Zaumzeug für die Pferde und mit viel Getreide und anderen Lebensmitteln.

Eisenbahnen und Lastautos gab es noch lange nicht. Und so blieb die Mosel die bequemste Straße von und nach Trier.

Im Mittelalter bauten sich fleißige Schiffersleute ihre Häuser gleich an die Mosel. Auf Schultern, Karren und Wagen schafften sie oft bis in die späte Nacht die Güter vom Land auf die Schiffe und umgekehrt.

Der alte Kran

1413 hatte der angesehene Schiffer *Gobel* eine gute Idee:
Er zeichnete einen dicken Turm, in den Turm ein großes Holzrad mit Hebeln und Übersetzungen, mit Seilen und Ketten. Das ‚Riesen-Rad' im Turm war nach mehreren Seiten zu bewegen: vor- und rückwärts und – auf Rollen gelagert – um sich selbst.

Der Turm bekam einen spitzen Hut als Dach. Daraus schauten zwei mächtige Balken schräg nach oben in den Himmel, eiserne Ketten hingen daran. Der Spitzhut mit den Balken ließ sich drehen.

‚Damit sparen wir viel Arbeit!' wird er zu seiner Frau und seinem Stiefsohn gesagt haben. ‚Wir bauen diesen Kran an die Mosel. Leicht können wir damit die schweren Güter aus dem Bauch der Schiffe herausheben, das Dach mit den Balken und der daran hängenden Last an Land drehen und absetzen. Und umgekehrt.

Die Gebühren für Weinfässer, Holz und Steine sollen uns zufallen, solange wir leben; danach geht der Kran in das Eigentum der Stadt über'. Gesagt, getan.

Im Jahre 1777 kam der zweite Kran dazu, 1830 schließlich eine große Zollstelle, die ihr auf der anderen Seite der Straße hinter den Sträuchern seht."

Die Kinder gehen um die Kranen herum, klettern an ihnen hoch und schauen durch die schmalen Schlitze in den Innenraum. Über ihren Köpfen schwingt die schwere rostige Eisenkette knarrend hin und her.

Das mittelalterliche Stapelrecht

Es war sicher schwer für die Trierer, wenn sie Hunger hatten, anzusehen wie reich beladene Schiffe mit Lebensmitteln auf dem Fluß vorbei zogen. Deshalb ließen sich die Stadtväter vom König das *Stapelrecht* geben. Aus einer Urkunde wissen wir, daß es schon zur Zeit des Kurfürsten Balduin lange galt. Das Recht legt fest: Alle Schiffer, die mit bestimmten Waren an Trier vorbeifahren wollten, mußten im Hafen anlegen. Viele wichtige Lebensmittel und Getränke, Stoffe und Heizmaterialien, aber auch einige Werkzeuge zählten zu den ‚bestimmten Waren'.

Ein Aufseher beurteilte die Ladung der Schiffe. Er konnte verlangen, daß drei Tage lang den Bürgern von Trier zum Trierischen Marktpreis kleine Mengen angeboten werden mußten. Ein Ausrufer mit einer Klingel machte den *Stapel* und den Preis bekannt. Lebendes Vieh mußte zum VIEHMARKT getrieben, Getreide zum KORNMARKT gebracht werden.

Nach drei Tagen durften die Händler erst in größeren Mengen an die Geschäfte den Rest weiter verkaufen.

Der Zollvertrag aus Stein

Viele Verträge regelten früher den Zoll und den Handel. Im Dom seid ihr sicher schon gewesen. Am linken Eingang ist ein solcher Vertrag in den Stein gemeißelt. Da ist die Rede davon, wie Wolle und Wein, Korn, Salz und Heringe mit Kölner Kaufleuten zu handeln und zu verzollen waren.

Die römischen Getreidespeicher

Das *Stapelrecht* war wohl eine späte Erfindung. Aber vom Stapeln und Aufbewahren größerer Mengen erzählt uns ja schon die *Josef*-Geschichte im Alten Testament viele Jahrhunderte vorher: Für sieben trockene Jahre ließ Josef riesige Getreidespeicher bauen, in die das Getreide der sieben fetten Jahre hineingeschüttet wurde.

Die Juden und Christen, die zur Römerzeit diese Geschichte ihren Kindern erzählten, konnten sich die Speicher gut vorstellen. Zwei solcher Riesenhallen, HORREA genannt, wurden 330 n. Chr. an der Mosel errichtet. Sie waren 70 m lang und 20 m breit und für Getreide und andere Vorräte bestimmt. Im Hofraum dazwischen wurden die Wagen be- und entladen. Die Speicher waren so fest gebaut, daß sie die Völkerwanderung gut überstanden und wie das Amphitheater und die Kaiserthermen wegen ihrer starken Mauern als Fluchtburg für die Bürger und später sogar als Königspalast dienten. Der ganze Stadtteil wurde nach dem römischen Namen Horrea von den Leuten OEREN genannt.

Das Kloster Sankt Irminen

Im 7. Jahrhundert wurde in Trier an der Stelle der verfallenden Horrea ein Kloster gebaut. Den Namen SANKT IRMINEN erhielt das Kloster von seiner zweiten Äbtissin, das ist die Vorsteherin in einem Kloster. Die heilige *Irmina von Oeren* stiftete ununterbrochen Gutes, und ihre Nachfolger tun es bis auf den heutigen Tag. Sie helfen Armen und Notleidenden, Blinden und Bedürftigen in und um Trier.

Das mußte selbst der Franzosenkaiser *Napoleon* einsehen. Er hatte schon alle Waisen-, Blinden-, Armen- und Krankenhäuser in Trier geschlossen; da mußte er ihren Besitz wegen der großen Armut in der Stadt zusammenlegen. Er gründete die VEREINIGTEN (zusammengelegten) HOSPITIEN (Häuser für arme Menschen).

„Ach, du meine Güte, wir haben die Zeit ganz vergessen. Ich muß schnell zum Mittagessen. – Das Angeln hat sich auch nicht gelohnt. Meine Frau hat heute morgen geschimpft: ‚Ausgerechnet jetzt mußt du noch gehen, wo doch morgen unsere Brigitte heiratet‘, hat sie gesagt. Ach ja, wenn ihr wollt, seid ihr herzlich eingeladen! Morgen nachmittag um drei Uhr feiern wir das Brautamt in SANKT PAULIN. Kommt doch einfach eine Stunde früher, dann erzähle ich euch noch ein paar Geschichten von dieser wunderbaren Kirche!“

Johannes zeichnet den Fries weiter

„Ich glaube, ihr könnt bald euer Taschengeld aufbessern. Jetzt wißt ihr schon so viel von Trier, daß ihr uns, euren brasilianischen und deutschen Freunden, ja sogar ganz fremden Kindern die Stadt zeigen könntet!“

Die Eltern haben gehört, was die drei nach dem Ausflug an die Mosel erzählt haben.

Besonders Catarina ist ganz aufgeregt wegen der Einladung zum Brautamt. Sie will von Frau Fischer wissen, ob lange oder kurze Brautkleider in Trier modern sind.

„Nach Paulin paßt doch nur lang. Du wirst mir recht geben, wenn du die Kirche gesehen hast. Das hat aber noch Zeit bis morgen.“

Johannes hat seinen Fries vor sich liegen und zeichnet die Mariensäule zur Zahl 1866, die römische Steinbrücke zu 140. „Die erste Holzbrücke von 17 vor Christi Geburt und die zweite von 44 nach Christus kann ich mir auch ohne Fries merken, ebenso das schwere Doppelkreuz auf der Brücke aus dem Jahre 1700!“

Die beiden stolzen Kranen werden den Jahreszahlen 1413 und 1777 zugeordnet. „Die großen Getreidespeicher von 330 kann ich auch weglassen. Zu dieser Zeit haben die Römer in Trier so viel gebaut, daß der Platz in meinem Fries gar nicht für alles ausreicht. Zu 650 möchte ich gerne die heilige Irmina zeichnen; sie hat so viel Gutes für die Stadt getan!“

Achtes Kapitel, in dem sich die Kinder drei Kirchen ansehen: SANKT MATTHIAS, SANKT PAULIN und LIEBFRAUEN – und in dem sie merken, was der rechte Domturm mit SANKT GANGOLF zu tun hat

Liebfrauenstraße

Zur Geschichte der Matthiaskirche

Johannes ist inzwischen mit seiner Arbeit fertig geworden. Er legt den Bleistift hin. „Wir waren schon oft in der Matthiaskirche, aber erst *einmal* haben sie, Herr Fischer, den Namen in ihren Erzählungen erwähnt: beim Römerfriedhof in St. Mattheis."

„Du hast recht, Johannes!" muß Herr Fischer zugeben. „Aber Rom wurde auch nicht an einem Tag erbaut und ... viele Trierer waren in ihrem ganzen Leben noch nicht auf der Porta. Ich kann euch auch alles erst nach und nach zeigen. Und auf der Porta ward ihr immerhin schon. Angefangen hat es hier in unserem Stadtteil, St. Matthias – oder Mattheis, wie wir Trierer sagen – tatsächlich mit einem Friedhof. Er lag vor den Mauern der Römerstadt. Vornehme Römer ließen sich auf dem Friedhof eigene Grabhäuser bauen. Ein solches Grabhaus gehörte der frommen Witwe *Albana.*

Sie lebte im 3. Jahrhundert. In ihre vornehme Villa nahm sie die ersten Bischöfe von Trier *Eucharius, Valerius* und *Maternus* auf. Nach dem Tod der heiligen Männer ließ Albana den ersten Bischof Eucharius in ihrem eigenen Grabhaus beisetzen. Fromme Christen bauten an dieser Stelle später die Eucharius-Kirche. Kurz vor 1000 n. Chr. gründeten Mönche des *heiligen Benedikt* neben der Kirche ihr Kloster. Da wurden 1127 die Gebeine des *Apostels Matthias* wiedergefunden. Die Leute erzählten, daß die *heilige Helena* die Gebeine von ihrer Reise ins Heilige Land mitgebracht und daß man sie vor dem Normannensturm 882 versteckt und vergraben hatte.

Der Bau der Matthiaskriche

Die Kunde von dem Fund ging wie ein Lauffeuer durch die Gemeinden. Fromme Männer und Frauen schlossen sich in Trier und anderen Orten zu Matthias-Bruderschaften zusammen. Im selben Jahr noch begann der Bau der Matthias-Kirche; 1148 war *Papst Eugen III.* in Trier und segnete die Kirche ein. Wie am Dom bauten die Menschen noch viele Jahrhunderte daran weiter. Um 1500 entstanden die neuen herrlichen Gewölbedecke und die wunderschönen Fenster im Mittelschiff.

Im Altarraum habt ihr sicher das Apostelgrab mit der Figur des Heiligen Matthias gesehen. Jahr für Jahr seit dem 12. Jahrhundert kommen hierher die Bruderschaften zu dem einzigen Apostelgrab auf dieser Seite der Alpen gepilgert. Manche sind tagelang unterwegs. Sie stellen ihre Kerzen um das Grab in den Altarraum. Früher begann auf dem Hof vor der Kirche auch die Wallfahrt zu den nächsten Aposteln, dem *Heiligen Petrus* nach Rom und ...". „... das weiß ich noch von der Steipe: nach Santiago zum *Heiligen Jakobus*." Diesmal hat Catarina aufgepaßt.

„Vor der Kirche steht ein Kreuz. Auf seinem Fuß ist die Entfernung nach Rom und Santiago eingemeißelt. Ihr findet sicher alleine heraus, wieviel Kilometer es sind. Beim nächsten Besuch zeige ich euch zwei weltberühmte Marienbilder: Vor dem fünften Pfeiler rechts steht eine 500 Jahre alte Figur auf einer Säule. Es ist die Mutter Gottes; sie hält in der Hand eine saftige Weintraube. In der Kapelle links vorne hängt das *Gnadenbild*. Davor knien zu jeder Tageszeit Hilfesuchende. Maria als ‚Sitz der Weisheit' soll ihnen raten.

Es ist wieder ein reich gefüllter Nachmittag. Die Kinder sehen sich in der Matthias-Basilika um. Durch das Tor schauen sie auf die Fassade, die wie eine Festung wirkt. Vor die Fassade haben spätere Baumeister verschnörkelte Portale gesetzt. Vielleicht wollten sie dadurch den gewaltigen Eindruck aufheben. Eine Pilgergruppe lädt die Kinder ein, mit zur ALBANA-GRUFT *unter* den nahen FRIEDHOF zu kommen.

Nach dem Abendessen müssen die Kinder baden, die Haare waschen, die Mutter legt die Kleider heraus. Morgen geht es doch zur Hochzeit nach SANKT PAULIN. Vor allem Catarina ist aufgeregt.

Die blutige Geschichte der Thebäischen Legion

„Da seid ihr ja schon!“ Herr Jakob empfängt seine Freunde mit offenen Armen. „Ich bin ganz aufgeregt wegen der Hochzeit! Aber nach den langen Vorbereitungen bin ich richtig froh, daß ich mal an etwas ganz anderes denken kann. Seid ihr schon einmal in der Paulinus-Basilika gewesen? Nein? Dann paßt gut auf: Wie St. Matthias liegt auch diese Kirche vor der Römerstadt, und wie bei St. Matthias hat man auch hier einen römischen Friedhof gefunden. In der Nähe befand sich der Sammelplatz für die römischen Soldaten, das MARSFELD.

Über das, was einmal hier geschah, berichtet eine alte Legende:

„Kurz vor dem Jahr 300 nach Christi Geburt befahl Kaiser *Maximian,* daß alle Soldaten und später sogar alle Bürger der Stadt sich auf dem Marsfeld versammeln. Alle sollten vor einem Götzenbild in einem Feuer Opfer darbringen und damit dem Christengott abschwören. Die tapferste Truppe des Kaisers war die *Thebäische Legion.* Sie hatte ihren Namen von dem Land Thebais, aus dem sie kam. Und ausgerechnet die Soldaten dieser Legion weigerten sich, Christus zu verraten. In ihrer Heimat war doch der Glaube an Christus schon lange zu Hause. Über die Weigerung wurde der Kaiser so böse, daß er seinem grausamen Statthalter *Rictius Varus* befahl, alle Christen, ob Soldaten oder Bürger, ob Oberbürgermeister oder Offizier, auf der Stelle zu enthaupten. Als der Bürgermeister der Stadt, *Palmatius*, davon hörte, ergriff er die Stadtfahne und zog mit den getreuen Christen zum Marsfeld. Alle wurden grausam hingerichtet. Drei Tage hatten die Henkersknechte zu tun. Am Ende mußten ihnen Helfer die müden Arme mit den scharfen Beilen hochheben. Die Mosel verfärbte sich bis zum Ort Neumagen rot vom Blut der Märtyrer. Diese Heldentat der jungen Kirche machte auf die überlebenden Christen einen solchen Eindruck, daß viele von ihnen ‚bei den Gräbern der Heiligen' ruhen wollten. So haben es jedenfalls viele von ihnen auf ihre Grabstätten schreiben lassen."

Bischof Paulinus von Trier

Fünfzig Jahre später wurde ein frommer Mann Bischof von Trier: der *heilige Paulinus*. Ihr wißt vielleicht, daß Kaiser Konstantin sich selbst zum Christentum bekehrte. Deshalb wurden von dieser Zeit an die Nachfolger Jesu auch nicht mehr verfolgt. Aber sie stritten oft über den Glauben miteinander. Paulinus trat gegen schlimme Irrlehrer auf, er verlor viele seiner Freunde und wurde sogar von dem Sohn Konstantins auf einer Kirchenversammlung in der Stadt Arles nach Asien verbannt. Das bedeutete für ihn: Er durfte nie wieder in seine Heimatstadt und in sein Land zurückkommen. In der Verbannung starb er im Jahre 358 viele tausend Kilometer von Trier entfernt im Lande Phrygien. Später erinnerte sich *Bischof Felix* von Trier an diesen mutigen Vorgänger. Er wollte, daß das Andenken an Paulinus in Trier gefeiert wird. Auch die Märtyrer der Thebäischen Legion und der Stadt Trier wollte er verehren. Er ließ deshalb die Gebeine der ermordeten Soldaten und Bürger in eine Krypta sammeln und über der Krypta eine Kirche errichten. Dann forschte er in der fernen Türkei nach den Überresten des mutigen Märtyrerbischofs Paulinus und überführte sie feierlich nach Trier in die neue Kirche."

Herr Jakob sieht sich um. „Geht schon einmal in die Kirche vor. Was ich euch alles erzählt habe, werden euch die Bilder an den Wänden und an der Decke in bunten Farben wieder erzählen. Es ist übrigens nicht dieselbe Kirche, die Bischof Felix an der gleichen Stelle errichten ließ. Die heutige Paulinuskirche wurde von 1734 bis 1756 gebaut. In dieser Zeit hatten die Menschen viel Freude an kräftigen Farben und geschwungenen Linien, an gefühlvollen Gedichten und Liedern. Wir nennen diese Zeit die *Barock*-Zeit. Ihr werdet sofort merken, daß der Innenraum ganz anders ist als die meisten Kirchen, die ihr kennt.

Das Innere der Paulinuskirche

Die schwere Holztüre fällt hinter den Kindern ins Schloß. Nach wenigen Schritten durch den holzgeschnitzten Windfang stehen sie wie gebannt im Raum. Eine solche Pracht haben die Kinder noch nie gesehen. Die Decke ist mit Bildern übersät. Diese Kirche ist wirklich ganz anders. In großen Rahmen sind zehn Ölgemälde an den weißen Wänden aufgehangen. Drei von ihnen erzählen aus dem Leben des heiligen Paulinus, drei von dem blutigen Ende der Soldaten und der mutigen Bürger. In den Nischen und an den Pfeilern, an Mauervorsprüngen und zwischen hohen Säulen entdecken die Kinder immer neue Überraschungen. Aus Kübeln und Vasen wachsen üppige Blumen; Engel sitzen, tanzen oder schweben dazwischen; bunte Blumenbänder, Früchte, Körbe, Girlanden, Wappenschilder und Kronen verwirren die Augen. Auf dem Bild über dem Choraufgang ist ein Kreuz aufgerichtet.

„Sieh mal, Johannes", meldet sich Pedro leise, „wo ich auch gehe und stehe, immer bin ich am Fuße des Kreuzes und immer sieht Jesus mich an." Was ist da nicht alles zu sehen! Die Kaiserin Helena und ihr Sohn Konstantin, die vielen römischen Soldaten als Schlächter oder Opfer, dazwischen die Trierer Bürger, die dem Tod ins Gesicht schauen, Wolken, Engel, Kaiser, Götzen, Feuer, ... mit offenen Mündern starren die Kinder nach oben. Es ist Johannes, der an dem Gemälde über der Orgel den Dom und die Porta Nigra-Kirche entdeckt, umgeben von der Thebäischen Legion. Sogar die blutrote Mosel bis Neumagen ist zu erkennen. In der Mitte der Decke ziehen die Soldaten, Palmen tragend, zum Kreuz; an dessen Seite stehen wiederum Helena und ihr Sohn Konstantin. Die Kinder sind so gefangen von dem Raum und den bunten Bildern darin, daß sie nicht merken, wie die Bänke sich füllen. Auf einmal beginnt die Orgel zu spielen. Die vollen Töne füllen den herrlichen Raum. Alles scheint in Bewegung zu kommen.

Feierlich, mit langer Schleppe, geht die Braut durch den Mittelgang und steigt die Stufen zum Chor hinauf. Es folgen der Bräutigam, die Verwandten und viele Freunde.

Das ist die richtige Kirche für eine feierliche Trauung. So viel Pracht und Glanz! Die goldenen Ringe, das weiße Kleid, die feierlichen Gesichter der Gäste, selbst die verspielte Orgelmusik: alles paßt in den feierlichen Rahmen der Barock-Kirche.

Der Weg zum Altar ist viel kürzer, als es die Kinder meinen. Der berühmte Baumeister der Kirche, *Balthasar Neumann,* hat noch stärker als der römische Architekt der Basilika das Auge getäuscht: um drei Meter verengt sich die Kirche nach vorne, die Decke wird tiefer und der Boden hebt sich um sieben Stufen an. Wer von dem prachtvollen Gitter am Chor zurück zur Orgel schaut, merkt die Täuschung. Der Weg zur Eingangstür erscheint ganz kurz.

Als der Priester die kleine Gemeinde entläßt, gehen die Kinder nicht mit ins Freie. Sie wollen noch die Krypta sehen, in der die Gebeine der vielen Märtyrer liegen.

Über eine gewundene Treppe steigen sie hinab in die Krypta. In der Mitte hinter seinem Altar ist der Steinsarg des Bischofs Paulinus, umgeben von 16 anderen Särgen zu sehen. Drei weitere Altäre erkennen sie hinter dem Gitter.

Ein wenig ermüdet von der bewegenden Stunde verlassen die Kinder die Paulinuskirche.

Durch die Balthasar Neumann-Straße und die Paulinstraße kommen sie zurück zur Porta Nigra, wo sie sich wieder auskennen. Die Kinder kaufen sich ein Eis und setzen sich auf die Stufen vor dem schwarzen Tor. Was sollen sie mit dem Rest des Tages anfangen?

Catarina macht einen Vorschlag: „Gestern und heute haben wir die beiden Kirchen St. Matthias und St. Paulin besucht.

Eine Kirche kennen wir nur von außen: die LIEBFRAUENKIRCHE. Wie wärs ...?“ Bald stehen sie vor dem Dom.

„Halt, zuerst müssen wir unseren Freund, den Domstein, begrüßen!“ Pedro rutscht ein paar Mal herunter. Johannes betrachtet währenddessen den *Zollvertrag aus Stein* am linken Domtor. Von ihm hatte Herr Jakob erzählt.

In der Liebfrauenkirche

Durch den Eingang zwischen Dom und Liebfrauen treten die Kinder in die Liebfrauenkirche. Sie bleiben zunächst überrascht stehen. Wie eine Blume mit vielen Blütenblättern ist der Boden der Kirche geformt. Catarina denkt an ein Marienlied, in dem die Mutter Gottes mit einer Rose verglichen wird: ‚Rose ohne Dornen, o Maria hilf!'. Zwölf schlanke hohe Pfeiler wachsen aus der Blüte des Bodens nach oben. In der Mitte des Raumes steht der Altar. Kreuzförmig sind die Bänke auf den Altar gerichtet. Ein Ende des Kreuzes ist für das Allerheiligste freigelassen. Die Form des Kreuzes wird durch die vier Portale in den vier Himmelsrichtungen noch stärker betont. Wie von einem Magnet werden die Augen der Kinder an den Pfeilern entlang in die Höhe gezogen.

Diese wirken so zart und fein, daß man nicht verstehen kann, wie sie das Dach tragen können. Hoch über den Bänken und dem Tabernakel reckt sich die Decke und zeichnet das Kreuz nach. Es ist, als wollten die Baumeister die Kreuzesform näher an den Himmel rücken. Doch auch diese Höhe schien ihnen nicht zu genügen: Über dem Altar ist das Gewölbe noch einmal in der Form eines Quadrates erhöht.

Wie ein Netz ziehen sich Steinadern von den Pfeilern hoch und überkreuzen sich an der Decke. Zwei schmale Laufgänge führen übereinander in der Höhe rund um die Außenwand unter den schmalen Fenstern mit den spitzen Bögen.

Mildes Licht fließt in den Raum.

Pedro versucht, die Bilder auf den 12 Säulen zu erkennen. Es sind die 12 Apostel. In Erinnerung an die 12 Apostel, die die junge Kirche stützten, lassen die Baumeister 12 Säulen mit ihren Bildern diese Kirche mittragen. Als Pedro lange genug hin und her, vor und zurück gegangen und getrippelt ist, hat er alle 12 von einem Punkt aus im Blick. Da erst entdeckt er, daß er auf einem kleinen schwarzen Marmorquadrat im Mittelgang steht. Nur von hier aus sieht der Betrachter alle 12 Apostel auf einmal.

„Ich bin gespannt, was uns Herr Fischer über die Kirche zu erzählen weiß.“ Draußen am Hauptportal schauen sie sich die vielen Figuren an. Da schlägt die schwere Domuhr: ‚ding, dong‘.

„Halb zwei schon!“ Johannes ist erschrocken: „Um ein Uhr gibt es doch Mittagessen!“ Aber er läuft nicht zur Bushaltestelle, sondern sieht auf den rechten Domturm mit der Uhr, dann auf den linken. Das ist den Kindern bisher nicht aufgefallen: Der rechte Turm ist höher als der linke!

Nach dem verspäteten Essen bestürmen sie Herrn Fischer mit Fragen. „Langsam, langsam!“ wehrt sich der. „Zuerst erzähle ich euch etwas aus der

Geschichte der Liebfrauenkirche

und danach sage ich euch auch, warum der eine Turm des Domes höher ist als der andere.

Als Konstantin die mächtige Kirche baute, stand an der Stelle der heutigen Liebfrauenkirche die SÜDKIRCHE der Doppelbasilika. Bis 1235 war sie so baufällig geworden, daß man auf den Fundamenten der früheren Kirche mit dem Bau einer Marienkirche anfing.

Zu dieser Zeit, wir nennen sie die Zeit der GOTIK, richteten die Menschen ihre Augen zum Himmel. Alles Schwere und Lastende wollten sie überwinden. Deshalb bauten sie hohe schmale Säulen wie schlanke Bäume und langgezogene Fenster. Die Fenster endeten nicht mehr – wie bisher – in einem Halbrund. Jetzt liefen sie in einer Spitze nach oben aus. Selbst die Figuren, die die Künstler dieser Zeit malten oder in Stein und Holz abbildeten, haben schmale hohe Kleiderfalten.

Daß die *‚liebe Frau'*, nach der diese Kirche ihren Namen hat, *Maria* ist, habt ihr längst gemerkt. Der Turm in der Mitte war noch viel höher. Auf alten Bildern sieht man deutlich seinen spitzen Helm. 1631 hat der Sturm den Helm abgerissen; er wurde durch ein niedrigeres Dach ersetzt.

Wieder waren es die französischen Revolutionssoldaten, die eine Veränderung brachten: Zuerst wollten sie die Kirche ganz abreißen. Die Trierer erzählten ihnen, daß sie von französischen Baumeistern errichtet worden sei. Da rissen sie stattdessen die Laurentius-Kirche neben der Konstantin-Basilika ab. Im Jahre 1803 erhielt Liebfrauen den Doppelnamen: ‚Unserer Lieben Frau und Sankt Laurentius'."

Der höhere Domturm

„Was es mit dem höheren Domturm auf sich hat, will ich euch jetzt erklären. Im Plan Poppos waren beide Türme gleich hoch. Das blieb so ein halbes Jahrtausend lang. Mit der Kirche der Trierer Bürger hängt es zusammen, daß sich das eines Tages ändern sollte. Am Hauptmarkt, nur durch eine kleine Pforte zu erreichen, steht seit dem 10. Jahrhundert diese Kirche der stolzen Trierer Bürger, die GANGOLFS-Kirche. Kurfürst Balduin hat später einen mächtigen Turm (Bild links) zur Gangolfskirche gebaut. Von ihm konnte der Feuerwächter die ganze Stadt übersehen. Bei einem Brand blies er sofort ins Horn. Heute noch ist der Gangolfsturm der ‚Stadtwächter'. Um 10 Uhr abends läutet die LUMPENGLOCK.

Dann wird es Zeit, daß alle *Lumpen* nach Hause gehen. Als lange nach Balduins Tod im Jahre 1507 eine reiche Bürgerin zwei weitere Stockwerke auf den Gangolfsturm aufsetzen ließ, war die Bürgerkirche höher als die Bischofskirche, der Dom Sankt Peter. Das sah sich der Kurfürst nicht lange an: er ließ fünf Jahre später schon den rechten Domturm ein Stückchen höher als den Gangolfsturm aufmauern."

„Ich staune!" Vater Pescador hat interessiert die Erzählung der Kinder und seines Freundes mit angehört. „Ihr Kinder habt aber noch eine wichtige Aufgabe vor euch: ihr müßt uns, eure Eltern, durch die alte und junge Treverer-, Römer-, Kurfürsten-Stadt Trier führen! Ich meine fast, ihr wißt inzwischen viel mehr von Trier als die meisten Trierer selbst."

Neuntes Kapitel, das in seiner Kürze eine überraschende Entdeckung und viele Pläne als Würze hat

Blick vom Weißhaus über die Stadt

Vater erzählt von seiner Arbeit

„Ich habe in der Zeit, in der wir hier sind, auch schon allerhand herausgefunden. Ich glaube, es fehlt mir nur noch ein ganz kleiner Baustein. In den vielen Unterlagen fiel mir zuerst in den langen Namenlisten der Name Fischer auf. Schließlich dachte ich, vielleicht haben sie etwas mit ihnen, unseren lieben Gastgebern, zu tun.

Im Jahre 1827 verließ eine Familie mit dem Namen *Fischer* aus Armut die Moselstadt. Für den Vater, die Mutter und die heranwachsenden Kinder gab es keine Arbeit und damit kein Geld fürs tägliche Brot. Da tauchte der *Major von Schäffer* bei den armen Leuten auf. Er zeigte allen einen Brief des Königs Pedro von Brasilien: ‚Keine Schulden, Land umsonst, Kühe, Schafe und Pferde als Geschenk, zehn Jahre lang keine Steuern zahlen, für jeden, der Mut hat, nach Brasilien auszuwandern und dort neu anzufangen! Das überlegten sich die armen Fischers von damals nicht lange. Mit dem nächsten Schiff, das mit weiteren Auswanderern vollgestopft war, erreichten sie nach einer abenteuerlichen Fahrt das ‚gelobte Land Brasilien'. Sie wurden in den neuen Ort Nova Petrópolis geschickt.

„Moment mal", schaltet sich Herr Fischer ein. Er ist aufgesprungen. „Im Schreibtisch meines Vaters liegt noch ein alter vergilbter Brief, der über hundert Jahre alt ist. Wir wußten nie, aus welchem Land er gekommen war. Der Name der Stadt ist aber heute noch gut zu lesen: ...... NOVA PETRÓPOLIS!" „Tatsächlich?" Vater Pescador ist vor Aufregung ganz blaß geworden.

Die große Überraschung

„In diesem Ort gibt es heute noch zwei Familien mit dem Namen Fischer. Das sind ja dann wahrscheinlich Verwandte von ihnen. Sie werden sich wundern, warum ich das so genau weiß: Mein Großvater ist nämlich auch in Nova Petrópolis geboren. Nur haben wir bis heute keine Vorfahren entdecken können. Es ist schon eigenartig, daß Großvater so gut deutsch sprach. Er hatte doch einen portugiesischen Namen: *Pescador* ...“ Vater spricht den Namen ganz langsam aus, dann wiederholt er ihn noch einmal ‚Pescador‘. Plötzlich springt auch er auf: „Daß ich da nicht früher drauf kam.“ Er schüttelt den Kopf und lacht laut los: „‚Pescador‘ heißt nichts anderes als ‚Fischer‘. Großvater zog von Nova Petrópolis in die damalige Hauptstadt Rio de Janeiro. Er bewarb sich um eine Stelle als Portugiesisch-Lehrer. Um die Stelle zu bekommen, hat er einfach seinen deutschen Namen Fischer ins Portugiesische Pescador übersetzt. Er war sehr sprachbegabt, und mit einem portugiesischen Namen hielt ihn die Behörde natürlich für einen waschechten portugiesischen Einwanderer.“ Vater will sich gerade wieder an den Tisch setzen, als ihm ein neuer Gedanke kommt, der ihn wieder hochreißt: „Ja, aber dann, dann ...“, stammelt er, und Herr Fischer hat die selbe Idee. Gemeinsam sprechen sie den Satz aus: „... dann sind wir alle ja wahrscheinlich noch um zehn Ecken miteinander verwandt!“ Alle schütteln sich die Hand, lachen, liegen sich in den Armen.

Vater hat noch viel zu tun

Nach einer Weile holt Vater noch einmal tief Luft: „Jetzt ist mir auch klar, warum in unserer Familie immer deutsch gesprochen wurde!“ Er blättert in seinen Aufzeichnungen. „Jetzt macht mir die Arbeit noch einmal so viel Freude.
Aber außer den gemeinsamen Vorfahren, den Fischers aus dem 19. Jahrhundert, gab es noch viele andere Familien auf den Auswandererschiffen. Die Leute aus der Eifel, aus dem Hunsrück, die vielen

Familien von der Saar und dem Rhein sollen auch erfahren, was aus denen geworden ist, die dem Ruf König Pedros nach Brasilien gefolgt sind. Viele von ihnen sind elend umgekommen. Ich will versuchen, möglichst vielen Spuren nachzugehen. Da ist noch viel zu tun!“

Auch die Kinder haben noch Pläne

„Wir haben auch noch einiges vor uns im nächsten halben Jahr!“ Herr Fischer wendet sich den drei Kindern zu: „Morgen gehen wir noch in das STÄDTISCHE MUSEUM SIMEONSTIFT. Diesen Besuch habe ich extra so lange aufgeschoben, bis ihr alle Sehenswürdigkeiten in Trier kennt. Jetzt könnt Ihr am Stadtmodell, das im Museum aufgebaut ist, feststellen, wo wir überall waren und was wir gesehen haben.“

Der Weg ist fast derselbe wie zur Porta Nigra. Kurz vorher geht es von der Simeonstraße aus links in den BRUNNENHOF. Von dort führt eine Treppe zum Museum hinauf. Die Kinder sind so gespannt auf das Modell, daß sie von dem Restaurant im Brunnenhof gar keine Notiz nehmen. Sogar Pedro läuft direkt auf die Treppe zu. Nachdem Herr Fischer das Eintrittsgeld bezahlt hat, stehen sie nach ein paar Schritten staunend vor dem Stadtmodell. Die Kinder erkennen alles wieder, was sie in den vergangenen Monaten in voller Größe gesehen haben. Johannes sagt: „Jetzt haben wir die ganze Stadt ‚auf einen Blick‘ vor uns.“ Das ist das Stichwort für Herrn Fischer. Er hat noch eine weitere Überraschung für die Kinder: „Heute nachmittag setzen wir einen dicken Punkt hinter unsere Erlebnisse in der Treverer-, Römer-, Landvogt-, Kurfürsten-, Franzosen-, Europa-Stadt TRIER. Wir fahren mit der Seilbahn zum WEISSHAUS.“

Pedro und Catarina können es kaum erwarten, bis sie endlich in einer Gondel über die Mosel schaukeln. Johannes hat seinen Fries auf den Knien liegen. „Ich will, daß alle Kinder so viel von Trier erfahren wie wir! Ich zeichne in Ruhe alles noch einmal neu. Dann schreibe ich mit Catarina und Pedro ein Tagebuch vom ersten bis zum letzten Tag in Trier. Allen Kindern, die in Trier geboren sind und hier leben, allen, die erst später hierher gezogen sind, aber auch allen, die – so wie wir – Trier nur für eine bestimmte Zeit besuchen, will ich aufschreiben, wie wir die Stadt kennengelernt haben und wie sie uns Stück für Stück ihre geheimnisvollen Geschichten selbst erzählt hat."

„Und ich, ich male die Bilder in unser Tagebuch!" meldet sich Catarina. Sie hat schließlich eine ‚Eins' in ‚Malen' auf dem Zeugnis. „Das ist noch gar nichts", Pedro hat richtig Feuer gefangen: „Ich werde Pilot, kaufe mir einen Düsenjäger und fliege jedes Jahr mit Kindern von Rio nach Trier. Dann zeige ich ihnen, wo die Fischer-Pescadors herkommen!"

Wie in einem Bilderbuch sehen sie vom Weißhaus die alte Stadt vor sich ausgebreitet. Als silbernes Band schlängelt sich die Mosel durch das Tal. Ganz rechts erkennen sie die Basilika des heiligen Apostels Matthias bei der neuen Konrad-Adenauer-Brücke; hinter der Römerbrücke mit dem schweren Kreuz verläuft eine Linie an den Barbarathermen und Kaiserthermen vorbei zum Amphitheater; sie sehen den grünen Alleenring, der den Verlauf der mittelalterlichen Stadtmauer anzeigt und finden die mächtigen Bauten des Domes, der Konstantin-Basilika, der Gangolfskirche und der schwarzen Porta Nigra; ganz links reckt sich der spitze Kirchtum der barocken Paulinus-Kirche in den Himmel.

Über den Markusberg, vorbei an der Mariensäule, steigen sie am Abend müde ins Tal zurück und freuen sich auf die liebgewordene Wohnung in der Matthiasstraße.

Namenverzeichnis

Hier findet ihr alle Namen der Männer und Frauen, Völker und Stämme, von denen im Buch die Rede ist. Die Ziffern geben die Seiten im Buch an.

Verzeichnis der Sehenswürdigkeiten in Trier

– und auf welchen Seiten ihr sie in diesem Buch findet

Die Ziffern geben die Seiten im Buch an.

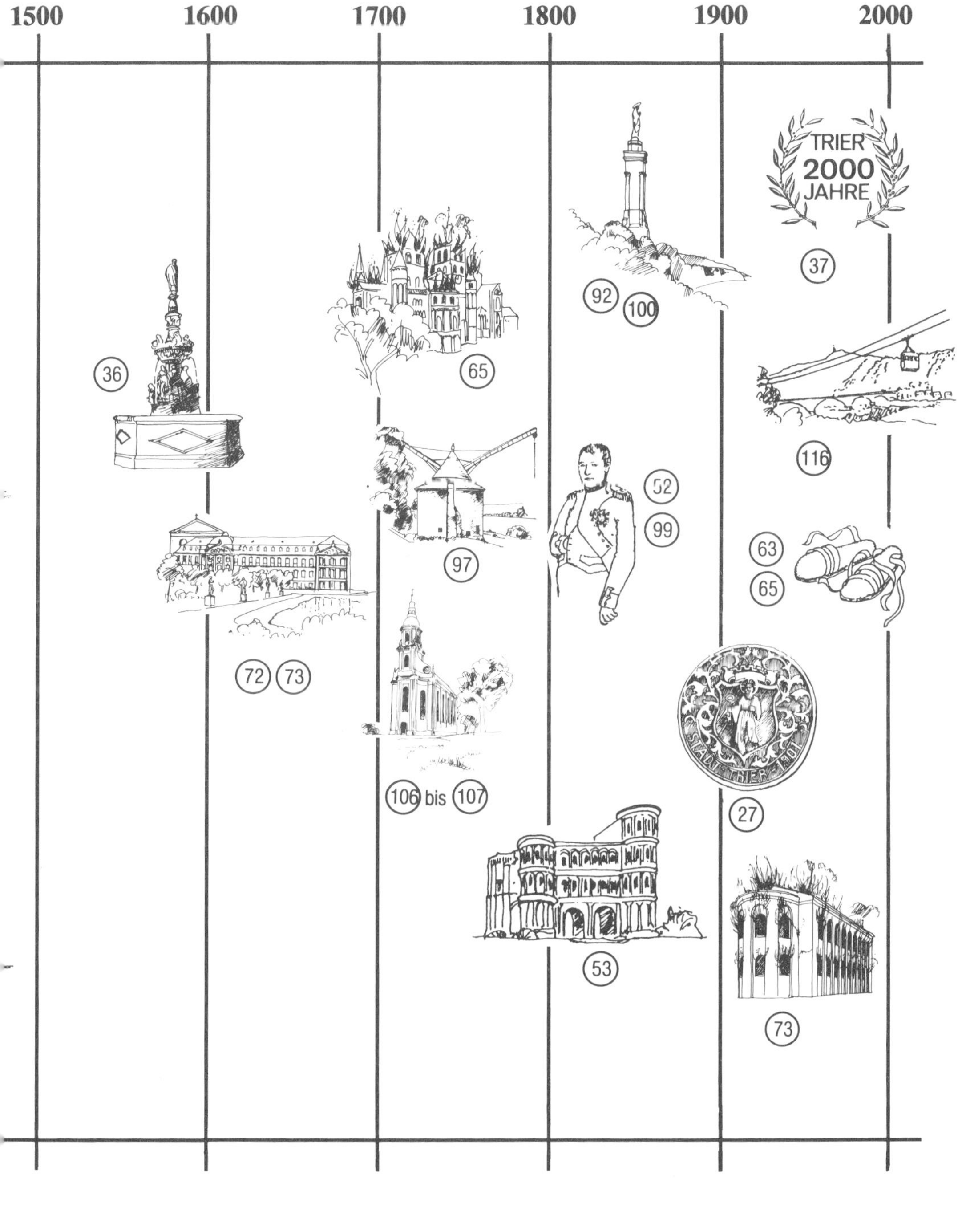
1500
1600
1700
1800
1900
2000
TRIER
2000
JAHRE
37
92
100
65
36
116
52
99
97
63
65
72
73
106 bis 107
27
53
73

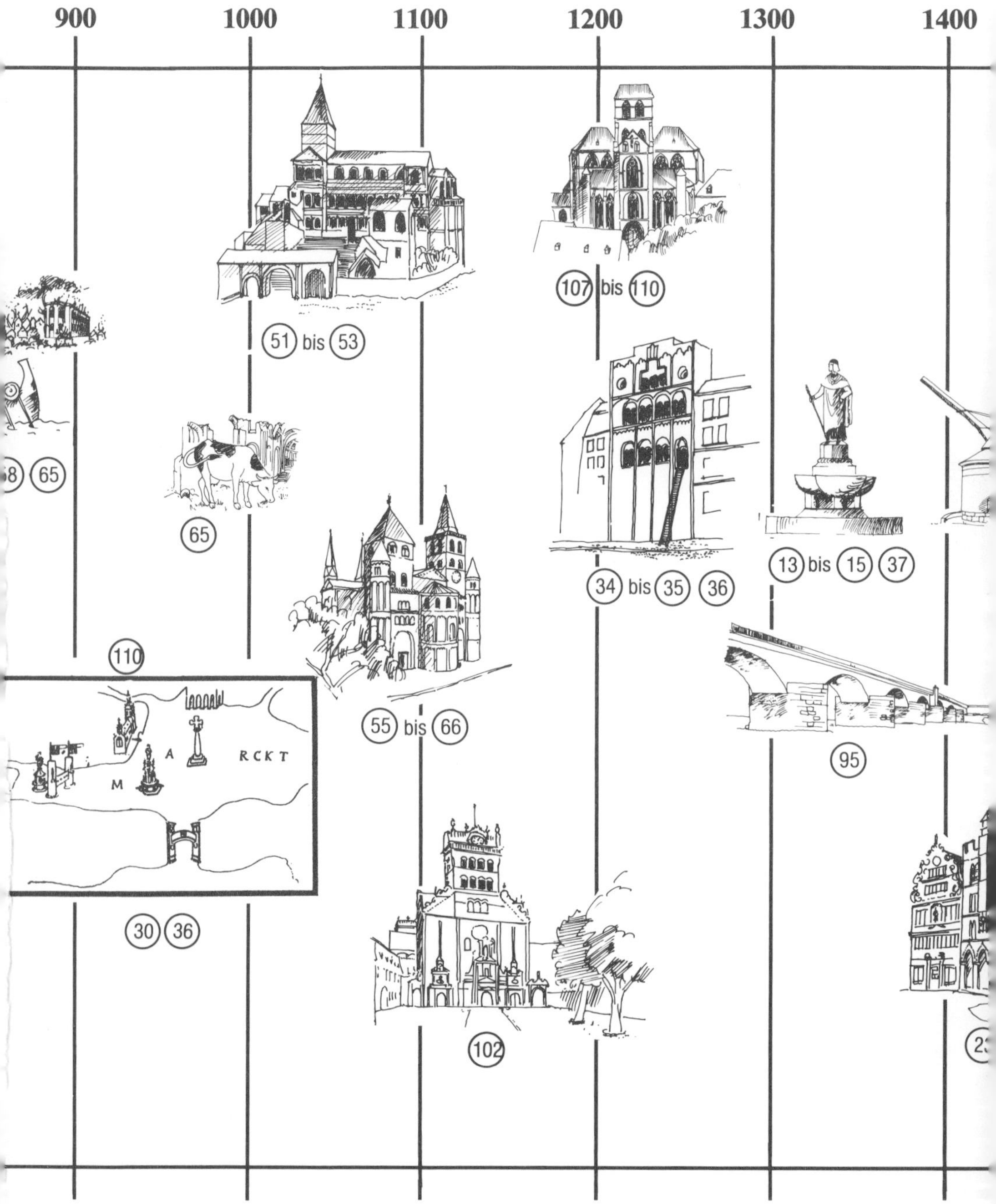
900
1000
1100
1200
1300
1400
51 bis 53
107 bis 110
8 65
65
34 bis 35 36
13 bis 15 37
110
55 bis 66
95
A
RCKT
M
30 36
102

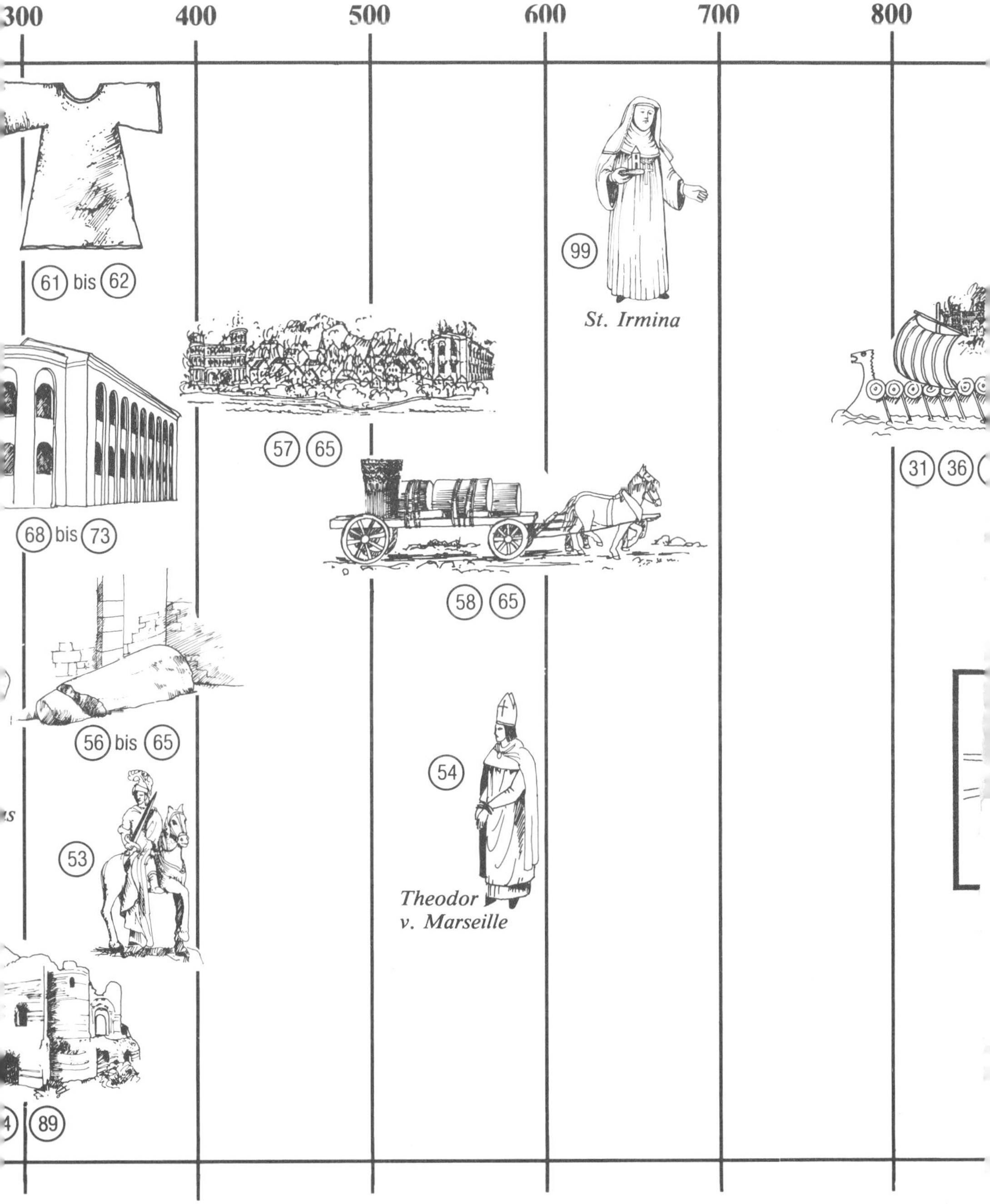

300
400
500
600
700
800
61 bis 62
68 bis 73
56 bis 65
53
89
57 65
58 65
54
Theodor v. Marseille
99
St. Irmina
31 36

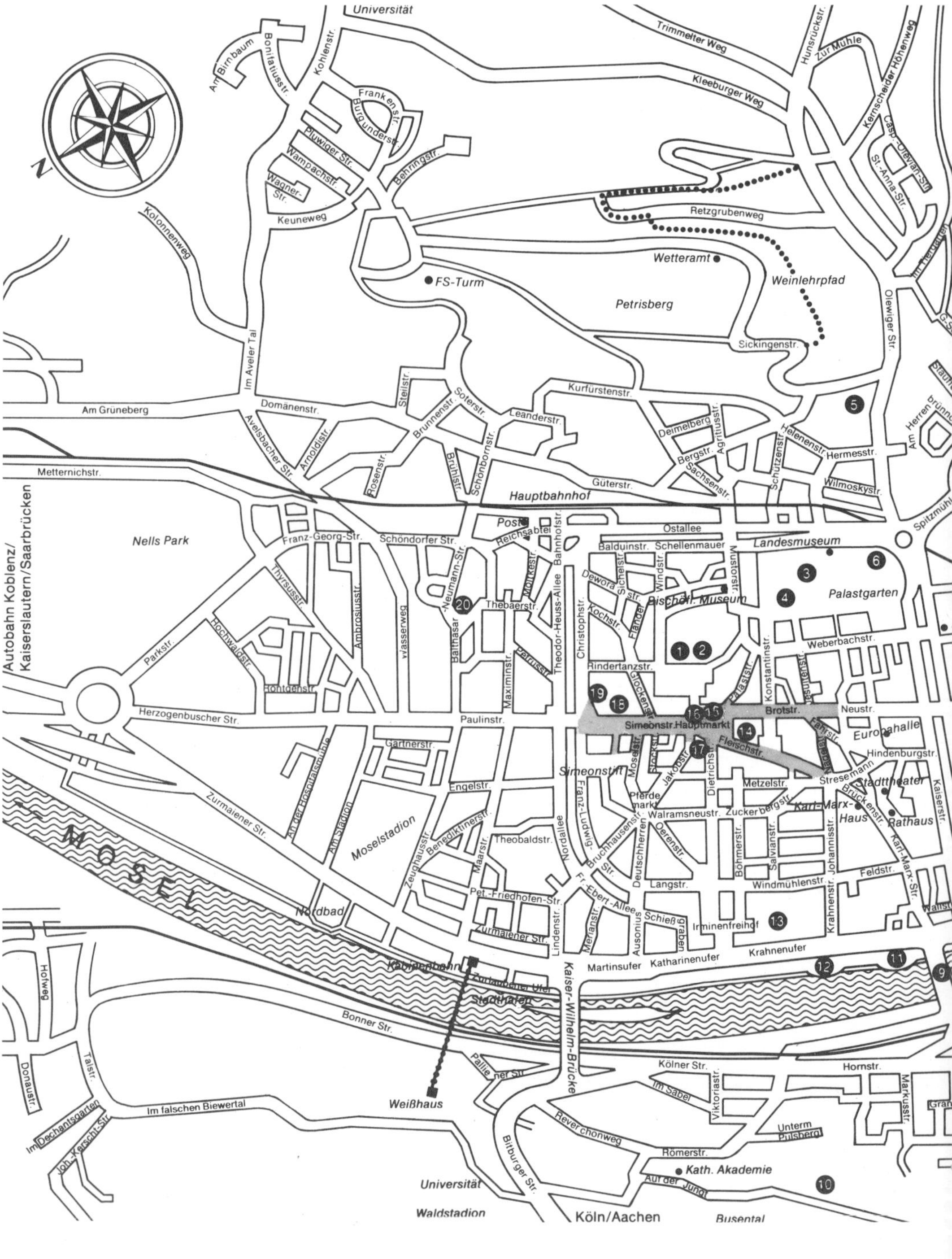
Universität
Trimmelter Weg
Hunsrückstr.
Zur Mühle
Kernscheider Höhenweg
Kleeburger Weg
Am Birnbaum
Bonifatiusstr.
Kohlenstr.
Frankenstr.
Burgunderstr.
Pluwiger Str.
Wampachstr.
Wagner-Str.
Behringstr.
Keuneweg
N
Kolonnenweg
Casp.-Olevian-Str.
St.-Anna-Str.
Retzgrubenweg
Wetteramt
Weinlehrpfad
FS-Turm
Petrisberg
Im Aveler Tal
Sickingenstr.
Olewiger Str.
Am Grüneberg
Domänenstr.
Steilstr.
Soterstr.
Brunnenstr.
Leanderstr.
Kurfürstenstr.
Deimelberg
Agritiusstr.
Helenenstr.
Hermesstr.
Am Herrenbrünnchen
Avelsbacher Str.
Arnoldistr.
Rosenstr.
Brühlstr.
Schönbornstr.
Bergstr.
Sachsenstr.
Schützenstr.
Wilmoskystr.
Metternichstr.
Güterstr.
Hauptbahnhof
Spitzmühle
Autobahn Koblenz/Kaiserslautern/Saarbrücken
Nells Park
Franz-Georg-Str.
Schöndorfer Str.
Post
Reichsabtei
Bahnhofstr.
Ostallee
Balduinstr.
Schellenmauer
Mustorstr.
Landesmuseum
Thyrsusstr.
Ambrosiusstr.
Wasserweg
Balthasar-Neumann-Str.
Thebaerstr.
Moltkestr.
Theodor-Heuss-Allee
Deworastr.
Sichelstr.
Windstr.
Kochstr.
Flanderstr.
Bischöfl. Museum
Palastgarten
Christophstr.
Weberbachstr.
Parkstr.
Hochwaldstr.
Maximinstr.
Petrusstr.
Rindertanzstr.
Konstantinstr.
Jesuitenstr.
Röntgenstr.
Glockenstr.
Palaststr.
Brotstr.
Neustr.
Herzogenbuscher Str.
Paulinstr.
Simeonstr.
Hauptmarkt
Fahrstr.
Europahalle
Gartnerstr.
Fleischstr.
Hindenburgstr.
Simeonstift
Moselstr.
Stockstr.
Jakobstr.
Dietrichstr.
Metzelstr.
Stresemann
Stadttheater
Kaiserstr.
Engelstr.
Pferdemarkt
Walramsneustr.
Zuckerbergstr.
Karl-Marx-Haus
Brückenstr.
Rathaus
Zurmaiener Str.
An der Hospitalsmühle
Am Stadion
Moselstadion
Benediktinerstr.
Maarstr.
Theobaldstr.
Nordallee
Franz-Ludwig-Str.
Bruchhausenstr.
Deutschherrenstr.
Oerenstr.
Böhmerstr.
Salvianstr.
Johannisstr.
Karl-Marx-Str.
Zeughausstr.
MOSEL
Langstr.
Windmühlenstr.
Feldstr.
Krahnenstr.
Wallstr.
Pet.-Friedhofen-Str.
Fr.-Ebert-Allee
Schießgraben
Nordbad
Lindenstr.
Merianstr.
Ausonius
Irminenfreihof
Zurmaiener Str.
Martinsufer
Katharinenufer
Krahnenufer
Kabinenbahn
Zurlaubener Ufer
Stadthafen
Kaiser-Wilhelm-Brücke
Hofweg
Bonner Str.
Pallienstr.
Kölner Str.
Hornstr.
Talstr.
Donaustr.
Im Sabel
Viktoriastr.
Markusstr.
Im falschen Biewertal
Weißhaus
Reverchonweg
Unterm Pulsberg
Im Dechantsgarten
Joh.-Kerscht-Str.
Bitburger Str.
Römerstr.
Kath. Akademie
Universität
Auf der Jüngt
Waldstadion
Köln/Aachen
Busental
1
2
3
4
5
6
9
10
11
12
13
14
15
16
17
18
19
20

1 Dom

2 Liebfrauenkirche

3 Kurfürstliches Schloß

4 Basilika

5 Amphitheater

6 Kaiserthermen

7 St.-Matthias-Kirche

8 Barbarathermen

9 Römerbrücke

10 Mariensäule

11 Kran

12 Älterer Kran

13 Kloster St. Irminen

14 St.-Gangolf-Kirche

15 Marktbrunnen

16 Marktkreuz

17 Steipe

18 Dreikönigenhaus

19 Porta Nigra

20 St.-Paulin-Kirche